AF554254

ESSAI
SUR LES FINANCES
DU ROYAUME.

ESSAI

SUR LES FINANCES

DU ROYAUME,

Sur la possibilité de diminuer les Impositions sans nuire aux moyens ; de faire face à toutes les dépenses annuelles ; de payer l'arriéré, et d'amortir en peu d'années la dette constituée.

PAR J. B. L. F. DELAMARE.

A PARIS,

CHEZ POULET, IMPRIMEUR-LIBRAIRE,

QUAI DES AUGUSTINS, N°. 9;

ET CHEZ LES MARCHANDS DE NOUVEAUTÉS.

1814.

INTRODUCTION.

Fatigué d'entendre sans cesse parler de l'épuisement des ressources de l'Etat, de l'anéantissement de ses finances, et de l'énormité des charges qu'il s'est imposées, j'ai voulu me rendre compte du système financier qui a régi la France depuis dix ans. J'ai essayé de me procurer des renseignemens positifs sur toutes les branches de l'administration, leurs produits et leurs dépenses. J'ai tâché de connaître les causes qui avaient détourné les sources toujours abondantes de prospérité dans un pays fertile, industrieux et commerçant, tel qu'est la France. J'ai voulu me convaincre de la vérité, m'assurer si les plaies que j'avais à sonder étaient aussi profondes, aussi dangereuses que les bruits publics me le faisaient craindre. Avec quelle satisfaction ai-je reconnu, à mesure que mes recherches avançaient, qu'il s'en fallait bien que le mal fût sans remède. J'ai enfin acquis la conviction qu'il n'y avait que quelques abus à réformer, et que cette réforme pouvait s'opérer facilement, en alliant une sage économie dans l'administration avec la perception des taxes ou impôts indispensables, dont il fallait bannir l'arbitraire; j'ai vu que la France, riche par son sol, malgré les derniers événemens, pouvait supporter le paiement de contributions modérées, réparties avec justice, et dont la somme serait telle qu'elle dût convenir au lustre et à l'éclat du trône, et à la grandeur du peuple français; c'est-à-dire, suffisante pour faire face à tous ses engagemens, lui assurer sa tranquillité intérieure, lui garantir le respect des peuples voisins, et une paix durable, en le mettant à même de repousser toute aggression.

Encouragé par ces vérités, qui me sont démontrées, j'ai examiné le mode d'imposition le plus favorable, les moyens de perception les plus simples et les moins onéreux aux peuples.

C'est ce travail que je publie, parce que je pense que dans ce moment, même n'étant pas adopté, il peut être utile, en excitant le zèle des amis de la prospérité publique à travailler sur un sujet aussi intéressant, et à contribuer ainsi au bonheur commun.

ESSAI

SUR LES FINANCES

DU ROYAUME.

Des Contributions publiques.

Originairement, le systême des taxes pécuniaires était inconnu en France, et probablement chez tous les peuples. On ne devait au souverain que des services personnels. Un état ne peut subsister sans que les sujets contribuent d'une manière quelconque à sa prospérité; une preuve de la conversion des services personnels en une prestation pécuniaire, résulte de l'édit de Saumur du 14 septembre 1442, par lequel Charles VII, roi de France, abolit les services personnels des vassaux de la couronne, et les convertit formellement dans une taxe que l'on nomma la taille. Les fonds, que cet impôt devait produire, étaient destinés à lever, payer et entretenir toujours sur pied l'armée, précédemment composée de troupes levées par les seigneurs sur leurs terres, et licenciées aussitôt que le besoin était passé. La date de cette conversion peut être considérée comme celle du fondement de la force militaire régulièrement organisée en France.

Cet impôt, considéré dans son principe, n'a donc pu être regardé que comme un échange légitime, et une indemnité fournie au gouvernement pour les dépenses qu'il prenait à sa charge. A l'envisager dans ses effets, on conviendra qu'il était favorable aux sujets; car on ne peut disconvenir que les services personnels, enlevant les hommes à leurs familles, à leurs occupations, privant les campagnes des bras nécessaires à l'agriculture, devaient être la source de la misère publique, et étaient, par cela même, le plus pesant de tous les impôts.

Telle est l'origine de la première taxe personnelle levée en France. Elle ne présentait rien d'injuste. Pourquoi donc a-t-elle excité des réclamations, et pourquoi s'est-on récrié sur les autres taxes qui lui ont été substituées, et qui étaient les conséquences directes du nouveau système établi en 1443, par lequel l'Etat se chargeant des dépenses administratives, devaiten être indemnisé?

Je réponds à ces questions, que c'est parceque, communément, le peuple ne porte son attention que sur les mots, et non sur les choses. On oublie aisément la gêne sous laquelle on vivait, et cet oubli fait paraître odieux le paiement de la taxe que l'on s'est soumis à fournir pour se racheter de cette gêne.

Les philosophes modernes qui, en haine de tout gouvernement, ont le plus écrit contre les impôts, auraient dû se reporter au temps de leur création. Ils auraient vu qu'alors la grande partie des habitans qui vivaient sur leurs terres, était tenue à un service personnel. Ce genre d'imposition due par la personne, était familier, général, et la répartition en était uniforme. Chaque classe du peuple était tenue à des services analogues à sa condition. Les habitans des villes, et les corporations, jouissaient alors de priviléges, d'immunités, qui les dispensaient des services auxquels étaient assujétis les habitans de la campagne. Aussi lors de l'établissement de la taille, ces derniers seuls y furent assujétis.

Par ces mots *habitans de la campagne*, j'entends l'homme attaché à la culture de la terre.

Les ouvriers vivant de leur industrie hors des villes, sans avoir droit de jouir des priviléges de celles-ci, sans tenir à une corporation, étaient en si petit nombre, qu'ils ne pouvaient être l'objet de l'attention publique, et leur position, réellement critique, leur faisait payer cher l'espèce d'indépendance dans laquelle ils existaient.

En effet, ces gens indépendans étaient en quelque sorte sans protection : ils ne rendaient à personne de services comme vassaux ; en conséquence, personne ne devait s'intéresser à eux ni à leurs propriétés, qui étaient exposées à devenir la proie de tout homme revêtu du pouvoir, et personne n'était fâché de voir un de ces riches possesseurs d'une fortune considérable, dont on ignorait la source, dépouillé par un seigneur dont les services étaient utiles à son pays.

Ces vexations, la difficulté de payer en argent la taxe créée en échange du service personnel, et le désir de s'y soustraire, déterminèrent un grand nombre d'habitans de la campagne à l'abandonner, pour jouir des priviléges accordés aux villes où ils se retirèrent.

Cette augmentation de population des villes se formant principalement des hommes qui y venaient mettre à l'abri leurs richesses, et de ceux qui n'avaient de ressource pour exister, que dans leur industrie, donna naissance à un nouveau changement dans le mode d'imposition.

On sentit la nécessité d'employer des moyens propres à forcer les riches de faire part à la classe des artisans, de leur fortune, en échange des produits de son industrie. Les princes donnèrent l'exemple de la munificence, et furent bientôt imités par les gens riches; mais pour remédier à l'inconvénient de voir s'écouler vers l'étranger les richesses de leurs sujets, ils aiguillonnèrent, par l'appas de grands priviléges, l'industrie française. Le nombre des artisans s'accrut beaucoup; cet accroissement se fit aux dépens de la population des campagnes, et produisit une diminution sensible dans le nombre des imposés à la taille.

Les charges publiques, dont le gouvernement devait faire le paiement, restant les mêmes, la diminution du nombre des taillables le força à établir de nouvelles impositions sur les hommes vivant de leur industrie dans les villes; mais elles furent légères. L'industrie, que l'on avait encouragée d'abord, fut imposée : il suit de là que l'établissement des impôts dans les villes, n'eut rien que de juste, 1°. puisqu'ils pesèrent sur ceux qui y étaient assujétis déjà, et qui s'étaient soustraits au paiement de la taille, en venant s'enfermer dans les villes; 2°. parce que le souverain étant le protecteur-né de ses sujets, et entretenant des armées à ses frais, pour leur assurer les richesses, fruit de leur travail, il était raisonnable qu'ils contribuassent aux dépenses nécessitées par leur propre intérêt.

Mon but ayant seulement été d'indiquer l'origine des taxes établies dans les villes, comme j'avais indiqué celles mises sur les habitans des campagnes, je ne tracerai pas leurs différentes progressions, ni leurs variations de nom.

Il me suffit d'avoir établi la justice de leur origine.

Cette industrie était, si je puis m'exprimer ainsi, toute intérieure. Les propriétaires de capitaux ne dirigeant pas leurs spéculations sur un commerce d'exportation à l'étranger, le seul réellement propre à enrichir un peuple actif et laborieux, on sent qu'elle ne put produire qu'une transfusion de fortune qui s'échappa, des mains du prince et des riches propriétaires, dans celles de la classe industrieuse, et devint un obstacle de plus à la levée des taxes, parce que ces nouveaux propriétaires de richesses acquises par leur industrie, n'ayant aucune propriété ostensible qui pût être la garantie de l'Etat, il ne pouvait atteindre leurs capitaux. En effet, les hommes laborieux dont l'industrie, sous l'égide des lois protectrices, se livrait à toute son activité, et employait sous mille formes différentes les produits du territoire national, étaient parvenus à se soustraire aux taxes qu'ils auraient dues à l'Etat dans la proportion des richesses acquises par la protection qu'il avait donnée à leurs travaux.

Cet état de choses ne pouvait pas durer. Les princes s'aperçurent bientôt que leurs trésors s'épuisaient, et sentirent la nécessité de trouver un moyen de faire sortir l'argent des mains de cette nouvelle classe d'habitans chez lesquels les richesses entières de l'Etat devaient infailliblement se concentrer. On sentit alors la nécessité d'établir des taxes proportionnelles et personnelles sur les habitans des villes. Mais comme elles devaient atteindre également les grands et les petits, elles éprouvèrent, dans leur établissement, des difficultés, quoiqu'elles fussent consenties par le corps entier de l'Etat, représenté par les états-généraux. Mais enfin leur perception fut régulièrement assurée.

Depuis ce moment, des guerres longues et dispendieuses ont rendu absolument nécessaire l'élévation de ces premières taxes, et cette élévation, une fois établie, a été maintenue, parce que les charges de l'Etat, loin de diminuer, se sont augmentées.

On crie contre les impôts sans réflexion, parce que l'on ne remonte pas au principe de leur établissement; on ne considère que ce que l'on paye, sans faire attention à la circulation des richesses établies entre le chef de l'Etat et les sujets. L'Etat paye maintenant tous les services qu'exige l'administration; il est donc juste que les administrés fournissent l'argent nécessaire au paiement, qui le fait rentrer dans la circulation.

Telle me paraît avoir été l'origine des impôts directs en France.

Leur perception, quelqu'élevé qu'eût été leur taux, n'aurait pu suffire au besoin de l'Etat, s'il n'eût pas donné une direction utile à l'industrie des habitans.

Nous avons remarqué que toute l'industrie étant employée sur les productions du sol, et occupée à produire des objets de consommation intérieure, les revenus de l'Etat, comme ceux des particuliers riches, devaient, par ce seul mode de choses, venir s'engloutir dans les mains de la classe industrieuse, et par-là se dérober à la perception des taxes, au détriment du fisc.

Le gouvernement dut donc diriger l'industrie

vers un but plus sûr et aussi productif ; il excita le zèle des artisans à manufacturer les objets dont les peuples voisins manquaient ; il fit naître, avec les peuples étrangers, des relations commerciales, dont le résultat devait être un accroissement de richesses pécuniaires, versées par les acheteurs dans le royaume. Cette nouvelle source d'abondance d'argent nécessita de nouvelles mesures administratives, qui, elles-mêmes, donnèrent lieu à une nouvelle espèce de taxe levée sur les choses, non sur les personnes, mais qui se trouva payée par tous, par l'effet de la consommation. De là vint l'utilité et la nécessité des droits de douane.

Je développerai ces idées en traitant des impôts indirects proprement dits, entre lesquels on doit classer les droits de douane.

J'ai cru devoir donner ces développemens sur l'établissement des impôts, pour prouver qu'ils n'ont pas été établis au hasard, mais qu'ils doivent leur origine à la nécessité produite par la civilisation même.

Sans entrer à cet égard dans plus de détails, je vais m'occuper de considérer quelles étaient les dépenses de l'Etat en 1813, quelle économie peut en alléger le fardeau ; quelles étaient les ressources pécuniaires du gouvernement précédent ; enfin, à quoi peuvent s'élever les charges du royaume, pour ne pas être trop onéreuses au peuple. Je m'occuperai concurremment des moyens de mettre ses revenus au-dessus de ses dépenses, et de lui ménager un fonds de réserve pour éteindre sa dette consolidée annuellement.

Il faut avoir le courage de sonder une plaie, pour connaître jusqu'à quel degré elle met la vie du malade en danger, et diriger le traitement : je vais donc porter un œil d'observation sur les maux des finances ; ils deviendront palpables pour tous, par le tableau ci-joint des dépenses que l'ancien gouvernement s'était imposé d'acquitter.

N°. 1. CHARGES DE L'ETAT EN 1813.

Rentes perpétuelles inscrites		62,300,000
En 1802, lorsque Bonaparte fut nommé consul, elles ne s'élevaient qu'à la somme de	387,000,000	
Son administration y a apporté un accroissement de	236,000,000	
Somme pareille	623,000,000	
Ces nouvelles rentes obèrent l'Etat d'un capital de	472,000,000	
Rentes viagères		16,000,000
Pensions civiles		5,753,000
Pensions ecclésiastiques		18,200,000
Pensions militaires, fin de 1813		7,100,000
Liste civile et princes		28,300,000
Ministère de la guerre, chargé du personnel des troupes	325,000,000	585,000,000
Administration de la guerre, chargée des subsistances	260,000,000	
Ministère de la marine		167,000,000
Relations extérieures		17,500,000
Ministère de l'intérieur	54,310,000	59,000,000
Plus, dépenses administratives fixes	4,690,000	
Ministère du commerce		8,000,000
des finances		22,000,000
du trésor		8,700,000
de la justice, dépenses judiciaires y comprises		29,000,000
de la police		2,000,000
Frais de négociations fixés à		8,000,000
TOTAL des dépenses		1,042,853,000

Je présenterai tout à l'heure les réductions dont ces d penses sont susceptibles; mais je crois devoir faire précéd ce travail du tableau des impôts levés pour subvenir à alime ter une prodigalité aussi monstrueuse.

N°. 2. REVENUS DE L'ÉTAT.

Contribution foncière, telle qu'elle était fixée en 1813 et pour 1814.

Principal de la contribution	210,000,000	
13 centimes additionnels	27,300,000	
5 centimes pour les dépenses des communes	10,500,000	
5 centimes pour remises des percepteurs	10,500,000	397,950,000
3 centimes et demi pour frais du cadastre	7,350,000	
60 centimes pour la guerre	126,000,000	
6 centimes remis sur la perception de ce supplément	6,300,000	

Contribution personnelle.

Principal	30,000,000	
23 centimes additionnels	6,900,000	
Taxes somptuaires	1,500,000	
Centimes sur d°	145,000	
5 centimes pour les dépenses des communes	1,500,000	73,045,000
5 centimes pour remises aux percepteurs	1,500,000	
Doublement du capital pour 1814	30,000,000	
5 cent. pour remises aux percepteurs sur le doubl.	1,500,000	
Portes et fenêtres, principal		16,500,000
Patentes		17,000,000

Administration des domaines et de l'enregistrement.

Produit brut	240,000,000	
Frais de régie et perception Frais de justice criminelle payés par l'administration	60,000,000	
Produit net	180,000,000, ci	180,000,000
Douanes.—En 1801 elles rapportaient 18,000,000, calculées au budjet de 1813 devant rendre		100,000,000
Sels. — En 1812 ils rapportaient 43,000,000. Doublés pour 1814		86,000,000

Droits-Réunis.

Droits sur les vins, bières, eaux-de-vie et autres distillations	118,041,586 47	
Voitures publiques	3,314,789 52	
Garantie des matières d'or et d'argent	1,490,538 15	
Cartes à jouer	901,637 56	
Dix pour cent sur les octrois	8,305,531 46	
Canaux et produit de la pêche	466,900 35	
Droits spéciaux sur la navigation intérieure, bacs et passages d'eau	9,567,818 41	
TOTAL	142,088,801 90	
A déduire frais d'administration et de perception, tant sur les droits ci-dessus que sur les tabacs et les sels	3,600,000	
Net	109,488,801 90	
Que j'emploierai ici pour		109,000,000
Tabacs.—Portés au budjet de 1813 pour un produit de		70,000,000
Loteries.—Rapportent, suivant le budjet de 1813		15,000,000
Postes.—Suivant les budjets de 1811, 1812, 1813		13,000,000
Salines de l'Est.—Affermées		3,000,000
Administration forestière.—Le produit au budjet de 1813		36,000,000
Poudres et salpêtres.—Produisent au plus		500,000
Recettes éventuelles.—Budjet de 1813		30,000,000
TOTAL des revenus fixés en 1813 et pour 1814		1,119,995,000

2

Telle est la masse effrayante du revenu insensé que s'était composé la tyrannie, et qu'elle réalisait par les moyens les plus vexatoires, dans un temps où elle avait tari toutes les sources de la prospérité publique, en proscrivant le commerce extérieur.

Un système financier aussi colossal ne peut convenir à la France gouvernée par ses rois légitimes. Leur gouvernement est paternel. Grands par eux-mêmes, ils savent honorer leur trône, et on ne les verra pas épuiser leurs sujets, leurs enfans pour s'entourer d'une vaine pompe, d'un éclat inutile qui ruinerait leur peuple.

C'est d'après cette conviction que je me hazarderai à présenter un plan que je crois utile et admissible. Il n'offrira pas des idées neuves; je ne suis pas l'ami des innovations. L'expérience prouve que les essais, surtout en finances, sont rarement heureux. Il faut avoir la bonne foi d'avouer que les bases du système de finances sont bonnes. Il suffit de retrancher tout ce qui y est vexatoire et exagéré, et par suite, comme ce retranchement, nécessaire au bien général, diminuera considérablement le revenu, il faut chercher franchement les moyens d'élaguer du système administratif dressé sur une échelle gigantesque, toutes les branches inutiles, et par-là mettre les dépenses non pas seulement au niveau, mais au-dessous des recettes certaines.

Un vice essentiel dans presque tous les systèmes de finances, provient de ce que l'on fait une pétition de principes.

On commence par établir la dépense que l'on veut faire, et l'on cherche les moyens de se procurer l'argent pour la couvrir.

Les vrais principes ne varient pas. Tels sont ceux de l'économie. Noble en elle-même, parce qu'elle donne d'une part les moyens de répandre des bienfaits, et de l'autre met dans l'impossibilité de nuire à la fortune des autres, elle prescrit au souverain qui ne tire son revenu que du produit des sueurs des peuples, de régler ses dépenses sur les fonds qu'il peut être sûr d'exiger sans exciter une plainte, sans faire un malheureux, et il ne peut les régler sans préalablement s'être assuré de la quotité de ce revenu.

Je vais donc d'abord donner un aperçu des taxes que je crois convenables de conserver en les réduisant à une proportion raisonnable, calculée sur l'étendue du territoire actuel et la population de la France, et qui, en laissant au gouvernement la faculté d'administrer avec une sage grandeur, ne puisse exciter un murmure parmi les contribuables.

Des Contributions directes.

Les unes se perçoivent sur les biens fonds, les autres sur les personnes, d'après leur revenu présumé. Leur répartition doit se faire proportionnellement sur tous les Français contribuables.

D'autres enfin ne frappent qu'une certaine classe de citoyens, qui sont censés payer d'après le produit présumé de leur industrie. Ces contributions sont donc ou foncières ou personnelles, ou industrielles.

De la Contribution foncière.

On a vu dans le tableau n°. 2 que son capital, augmenté des centimes additionnels ordinaires, des frais de perception, et du supplément exigé pour la guerre, présentait, pour 1814, la demande d'une somme de. 397,950,0000

La paix définitivement conclue le 30 mai aura, pour son premier bienfait, une diminution de 132,300,000, tant pour les 60 centimes de guerre que sur les 5 de perception. . . .	132,300,600
Cette réduction opérée, l'on a la somme réelle, payée annuellement, y compris les centimes additionnels, dont on a grevé cet impôt sous différens prétextes.	265,650,000
Ces centimes réunis s'élèvent à 36 $\frac{1}{2}$, et présentent à déduire, pour connaître le principal réel de la contribution foncière.	55,650,000
Le principal seul est donc. . . .	210,000,000

C'est en effet le taux auquel il a été fixé en 1799 avec 25 centimes additionnels, et depuis il n'a éprouvé aucun changement. Mais antérieurement il en avait subi de très-marqués, car en 1789 il avait été créé de. 240,000,000

La loi de création établissait 25 centimes additionnels. 60,000,000

et le portait ainsi à. 300,000,000

Cependant il n'existait que quatre-vingt-trois départemens.

On reconnut promptement l'impossibilité de lever un impôt direct aussi exorbitant, et que l'on croyait devoir remplacer le produit des impôts indirects, dont on ne sentait pas alors assez l'utilité, et auxquels on fut obligé de revenir.

Pour connaître aujourd'hui la réduction à opérer sur le principal de la contribution foncière, et le mettre en rapport avec l'étendue de son territoire, il faut se rappeler le nombre des départemens composant la France en 1799, et celui qu'elle comprend aujourd'hui qu'elle est réduite à sa circonscription de 1792, ou à peu près.

En 1799 la France comprenait. . . . 105 dép.
En 1792 elle en comptait seulement 88
Réduction. 17

En prenant ce calcul pour former une échelle de réduction graduée sur l'étendue du territoire remis par la France, et de celui qui lui est con-

servée, je trouve que le principal de 210,000,000
doit être diminué de 26,250,000

Ainsi la France actuelle aurait à payer.	183,750,000
Plus, pour les 36 centimes ½ dont le recouvrement est d'usage .	66,150,000
Total.	249,900,000

Mais on ne peut se dissimuler que l'impôt direct foncier est le plus onéreux au peuple, et le plus nuisible au progrès de l'agriculture; perçu sur le revenu du sol, il ôte au laboureur jusqu'au désir de faire des innovations, des défrichemens, des améliorations qui tourneraient plus au profit du fisc qu'à celui de sa famille. Il est digne du petit fils de Henri IV de signaler son arrivée dans sa capitale par un acte de générosité et de justice qui lui assurera le nom de père des Français. J'ose proposer d'arrêter en principe que la contribution foncière sera fixée, en tems de paix, à 160,000,000 de principal, au lieu de 210,000,000.

L'agriculture étant, suivant moi, une des mines inépuisables des richesses de l'Etat et des particuliers, je proposerais de grever le moins possible ce principal par des centimes additionnels. Je sais qu'il y a des frais administratifs à payer; mais pourquoi l'impôt n'est-il pas établi de telle sorte que ces frais soient pris sur le principal même? Le contribuable saurait à l'avance ce qu'il doit; il se mettrait en mesure, et il ne redouterait pas de voir sa taxe se grossir toujours de centimes dont la perception n'était pas connue l'année d'auparavant.

Sur les 36 centimes ½ perçus actuellement, je n'en admettrais que 17, savoir :

8 c. que j'affecterais au paiement du culte et au traitement des ministres des autels, comme une juste et légitime indemnité des biens fonds dont ils se trouvent dépouillés par le tourbillon des orages révolutionnaires.

4 pour les frais des communes.

5 pour remises à faire aux percepteurs, lesquels seraient chargés de tous les frais de papiers, impression, pour avertissement et contraintes.

17 c. additionnels représentant . .	27,200,000
lesquels, joints au principal	160,000,000
porteraient la contribution foncière à.	187,200,000
Nous avons vu plus haut que, telle qu'elle est établie et perçue, elle rapporte	265,650,000
La diminution serait de	78,550,000

Cette réduction énorme pourrait encore s'accroître en simplifiant la perception de l'impôt par un moyen très-simple.

Le gouvernement est établi pour protéger les propriétés des citoyens, et son administration les

conserve. Mais il doit exister entre le prince et les sujets une réciprocité de services. D'après ce principe, je crois que les rôles des contributions foncières étant arrêtés par les intendans ou préfets, devraient être transmis aux maires de chaque commune rurale, et le recouvrement se ferait sans frais par les vingt propriétaires les plus imposés, à tour de rôle, et d'année en année. Dans le cas d'adoption de ce mode de perception, il suffirait pour les frais du bureau central à l'intendance, et ceux de papiers, impression, et autres faux frais, de mettre 2 centimes additionnels. Le contribuable se trouverait encore déchargé du paiement des 3 autres, formant, sur la masse entière, un article de . . . 4,800,000
lequel, réuni à la première déduction, 78,450,000

éleverait le bienfait de la diminution à 83,250,000
ce qui fait presque le tiers de la somme prélevée annuellement sur les biens fonds d'après les lois encore en vigueur dans ce moment.

Il me paraît inutile de laisser subsister un accroissement d'impôt déjà onéreux pour les frais du cadastre, dont la véritable inutilité est sentie et appréciée par tous les hommes de bonne foi. L'idée d'un cadastre général qui doit offrir à l'œil de l'administration le plan géométrique de toutes les pièces de terre formant le sol du royaume de France, désigner la qualité bonne, mauvaise ou médiocre du terrein, peut séduire au premier moment. Ce travail terminé mettra, ont dit les hommes à projets, pères du cadastre, l'administration à portée de répartir l'impôt avec équité, et d'après la nature plus ou moins productive de la terre imposée. Cela est spécieux, mais cela est-il vrai? La formation d'un cadastre général et ses résultats ressemblent à tous les projets que les économistes philosophes ont produits. Beaux sur le papier, superbes en théorie, ruineux pour le peuple lorsqu'ils sont réalisés; et pourquoi cette analogie existe-t-elle entre le cadastre et les projets qu'une funeste expérience a condamnés? c'est qu'il a été conçu dans le même tems, dans ce tems du commencement des orages, où tout intrigant s'est paré du nom de philosophe, et a voulu passer pour l'ami des hommes, afin de se faciliter les moyens de s'approprier leurs biens.

Quel avantage peut-il résulter du cadastre en faveur du propriétaire?

Celui, dit-on, d'être certain qu'il sera imposé suivant la nature de son terrain.

Mais sur quoi portent les plaintes des réclamans? Ils ne réclament pas sur la mauvaise répartition, mais sur la quotité de la taxe à laquelle ils sont imposés. Ce sont tous les propriétaires fonciers qui se disent surchargés.

Le cadastre achevé, diminuera-t-il la masse de l'impôt à lever? soulagera-t-il le laboureur? Non; car il sera, pour que l'on puisse faire usage de ce cadastre, forcé éternellement à payer des centimes additionnels pour l'entretien de l'administration cadastrale chargée de vérifier, sur les plans, les réclamations en décharge. Elle ne soulagerait donc pas le contribuable, mais subsisterait sans utilité, cette administration toute hypothétique; et avant ce moment combien, pour un travail inutile, aurait-elle englouti de capitaux. Trois centimes ½ lui sont attribués sur le capital de la contribution foncière qui a été, sans variation, depuis 1799, de 210,000,000. Elles forment une somme de 7,350,000 fr.

On travaille au cadastre depuis plus de huit ans. Il coûte donc déjà 58,800,000 fr. Au moins le peuple a-t-il payé cette somme pour sa confection, et il n'est pas fait pour un huitième de la France.

On peut juger quel épouvantable gouffre l'admission du cadastre a ouvert; jamais son utilité, vraie ou supposée telle, ne pourra rendre à la masse des contribuables les sommes qu'ils auront déboursées en espérance de voir se réaliser les avantages qui ont été promis.

Contribution personnelle.

Après avoir subi plusieurs changemens depuis 1789, époque de sa création, en 1799 le principal a été fixé à 30,000,000

Depuis on y ajouta, comme sur la contribution foncière,

	Ci contre.	30,000,000
23 c.		6,900.000
	Plus, pour taxes somptuaires. .	1,500,000
5 centimes, frais des communes.		1,500,000
5 *idem*, remises des percepteurs.		1,500,000
33 c.	Total. . . .	41,400,000

En novembre 1813, le capital en fut doublé, pour cette même année, et un décret du 9 janvier 1814 ordonna que ce doublement aurait lieu également pour l'année courante. Ainsi la contribution personnelle fut établie pour 1814 à. 71,400,000

A quoi il convient d'ajouter 5 cent. pour frais de perception du doublement. 1,500,000

Montant en 1813 et 1814. 72,900,000

Une des premières pensées du Roi a été de soulager son peuple, ainsi accablé en son absence, et il a autorisé à ne payer que les deux tiers des taxes. C'est ainsi qu'un père devait prouver sa présence au milieu de ses enfans. La paix générale, qu'il vient de conclure si heureusement, et avec tant d'honneur pour la France, doit faire espérer que, très-incessamment, toute addition à la contribution personnelle sera retranchée. La France aurait alors à payer pour cet impôt, par an. 41,400,000

Mais sur les 23 centimes additionnels, 17 doivent être appliqués aux dépenses administratives et judiciaires.

Les réformes évidentes et nécessaires dans ces branches de l'administration, m'engagent à proposer de réduire, à la décharge du contribuable, ces 23 c. à 12, revenant à 3,600,000

et d'y ajouter 8 c. affectés au culte et au paiement des ministres. 2,400,000

4 c., frais des communes. 1,200,000

4 c., frais de perception. 1,200,000

Totaux. . 26 c. additionnels. . . . 8,400,000

Le principal restant fixé à 30,000,000

le total de la contribution personnelle serait. 38,400,000

et donnerait par conséquent, sur les payemens tels qu'ils étaient fixés au commencement de 1813, à. 41,400,000

une diminution réelle de. . . . 3,000,000

qui est proportionnée à l'étendue du territoire et de la population de la France actuelle.

Reste en principal et accessoires. . 38,400,000

La perception de la contribution personnelle,

dans les villes, peut se faire pour ainsi dire sans frais.

Le gouvernement peut ordonner que chaque personne tenant à une cour judiciaire, à une corporation quelconque, à une administration, paiera le montant de la taxe à laquelle il sera imposé, à la caisse de son administration, au syndic de sa corporation, à un membre désigné annuellement dans les cours de justice, lesquels verseront les fonds reçus à Paris, directement au trésor royal, et, dans les provinces, chez les receveurs généraux.

La simplification de la perception serait bien plus prononcée, si le gouvernement consentait au rétablissement des maîtrises et jurandes que demande le véritable intérêt du commerce, et que l'on pourrait modifier de manière à ne pas entraver la liberté, mère des inventions utiles.

Quant à la taxe somptuaire, la difficulté qu'offre sa répartition, la facilité d'éluder d'être imposé, et le peu de produit que l'expérience a prouvé que l'on devait en attendre, m'ont fait penser qu'elle devait être supprimée.

Je pense aussi que la taxe à payer sur les portes et fenêtres ne doit plus subsister, parce qu'elle est injuste, en ce que les fenêtres de la même classe, étant dans la même ville estimées devoir payer le même prix, et cependant la valeur locative des maisons n'étant pas la même, il en résulte qu'un particulier que la modicité de sa fortune force d'habiter dans le quartier où les loyers sont le moins chers, et qui, par état, a besoin d'un appartement assez vaste, se trouve imposé souvent au double de la taxe des portes et fenêtres que paiera un homme opulent, habitant du plus beau quartier de la même ville.

J'observe en outre que l'on doit le moins possible multiplier les impôts directs, dont la perception est toujours plus gênante pour le contribuable, forcé à réaliser à l'instant une somme souvent difficile à former. Ainsi, je porte ici la taxe des portes et fenêtres pour .... mémoire.

Des Patentes.

Cet impôt direct, en paraissant donner au génie du commerce la plus grande liberté, n'a porté dans les relations commerciales que le trouble et la confusion. Il a été cause qu'une foule d'intrigans ont formé des commencemens d'établissemens, à l'aide desquels ils ont trompé la confiance publique, et ruiné les véritables commerçans, et que beaucoup de gens de bonne foi ont causé la ruine de leur famille, en se livrant aux spéculations d'un commerce dont ils ne connaissaient pas les principes. La facilité de tout entreprendre en payant une patente, a plus causé de mal au commerce que la perception du droit n'a été utile au gouvernement.

Les principes sur lesquels le droit de patente

est établi en France, ne doivent pas être consacrés sous un règne juste, parce qu'ils sont eux-mêmes souverainement injustes. Tout individu exerçant la même profession est sujet au paiement de la même somme en principal, plus, à une addition du dixième de son loyer annuel. Est-il naturel que le jeune homme qui, après avoir terminé son apprentissage, essaie de lever une maison de commerce, dans laquelle il n'a que des avances à faire, jusqu'à ce qu'il soit parvenu à mériter des correspondans et la confiance publique, soit imposé à la même somme que le marchand du même état qui, connu et achalandé depuis vingt ans, a gagné une fortune considérable?

Dans le régime qui vient de cesser, je crois que la perception des patentes ne s'est jamais élevée au-delà de 17,000,000 dans les 130 départemens.

La réduction de la France dans les limites qu'elle avait en 1792, doit restreindre le produit que l'on peut espérer à peu près du tiers, ce qui ne laisserait qu'environ 11,000,000.

Cette somme, répartie, suivant les bases adoptées jusqu'à ce jour, sur le commerce seul, me paraît beaucoup trop forte. Il me semble qu'il y a un moyen assez simple de la rendre proportionnelle.

Le but des patentes a été d'atteindre l'industrie; il était juste, en effet, que le gouvernement surveillant le commerce et les arts, et devant les protéger, ceux-ci subvinssent à une partie de ses dépenses, par le sacrifice d'une portion des bénéfices qu'ils devaient à la protection accordée. Sous ce point de vue, l'établissement est sage, et je nommerais le droit à percevoir *taxe sur l'industrie*. Elle embrasserait non seulement les négocians, commerçans, marchands, mais encore cette classe d'hommes qui, dans leur cabinet, s'occupent des actes translatifs de propriété, les notaires et courtiers, et agens de change, dont l'industrie doit être d'un rapport bien considérable, si l'on en juge par le luxe et le ton de leurs maisons.

Pour concilier les intérêts du commerce avec la liberté qui lui convient, je propose le rétablissement des maîtrises, non comme charges, ainsi qu'elles étaient autrefois, mais comme mesures d'ordre. Chaque corps et métier composerait une corporation, qui serait formée de toutes les personnes payant dans ce moment une patente pour exercer l'état de la corporation à laquelle elles voudraient se faire aggréger.

Cette première formation achevée, nul ne pourrait être admis sans justifier qu'il a fait le tems d'apprentissage ou d'études voulu par les règlemens qui seraient établis.

Les membres de chacun de ces corps nommeraient un syndicat, chargé de faire exécuter les règlemens de l'administration, d'empêcher les fraudes, et de percevoir, sans frais, au profit du trésor royal, 1°. la contribution personnelle de ses membres; 2°. la taxe sur l'industrie, que je propose en remplacement du droit de patentes, qui serait supprimé. La nouvelle taxe consiste en un droit de 20 centimes par 100 f. sur le prix des loyers tenus par les personnes assujéties actuellement à payer patente. Ce droit me semble devoir nécessairement établir une juste proportion entre les imposés, parce que je ne suppose pas que personne de bon sens puisse, dans les premières années d'un établissement, se grever volontairement d'un loyer trop fort. S'il se rencontre quelques exceptions, elles ne peuvent comprendre que des hommes sans principes, qui croyent, par un vain étalage de luxe, s'attirer la confiance, et ne cherchent, par l'air d'opulence qu'ils affectent, qu'à faire des dupes. Cette taxe, ainsi combinée, peut avoir l'avantage de rendre au commerce cette simplicité de mœurs, compagne de l'économie, sans laquelle il ne peut prospérer. C'est particulièrement ce but moral qui me fait désirer qu'elle soit adoptée. Le travail que j'ai fait, tant sur le nombre d'individus qui y seraient sujets que sur le montant de leur taxe, me porte à croire que, sans aucune exagération, on peut estimer cette branche du revenu de l'Etat à................ 8,000,000.

Des Impôts indirects.

Ce sont ceux dont le produit assure le plus fort revenu au gouvernement, et qui sont cependant le moins onéreux aux contribuables, parce qu'ils ne se payent que par ceux qui le veulent, en s'assujétissant à faire usage de la chose imposée. Ils doivent par conséquent attirer sur eux l'attention particulière du gouvernement. Je les distinguerai en impôts mixtes et en impôts indirects; je classerai dans les premiers le revenu de l'Etat provenant de la régie du timbre et de l'enregistrement, celui produit par les loteries et les postes; enfin, celui que procure la vente exclusive des tabacs, qu'il s'est réservée à lui seul. Les derniers présenteront les divers droits qui forment la branche de l'administration connue aujourd'hui sous le nom de régie des impositions indirectes.

Des Droits de Timbre d'Enregistrement, et autres produits de l'Administration des Domaines.

Le budjet de 1813 estimait le produit de ces divers droits à une somme de	240,000,000
On pense que les frais d'administration, ceux de perception, et les frais de justice criminelle payés par cette administration, s'élèvent à....	60,000,000
La recette nette aurait donc été	180,000,000

Cet aperçu étant calculé pour les 130 départemens, doit être restreint en proportion du territoire; l'on aura alors en produit brut, pour 88 départemens................	170,000,000
Les déductions ci-dessus opérées pour frais de régie, perception, etc., dans la même proportion, seront........	42,500,000
Le produit net, dans les 88 départemens, est présumé être	127,500,000

Je dois, avant d'aller plus loin, observer que dans le produit brut de 240,000,000, le seul produit du droit de l'enregistrement forme.. 105,000,000.

Les autres droits sont compris avec les revenus des domaines pour..	135,000,000
Somme pareille...	240,000,000

Les 105 millions, produit de l'enregistrement, réduits proportionnellement au territoire fixé par le traité du 30 mai 1814, ne représentent qu'un peu plus de 74,000,000

sur lesquels défalquant, dans la même proportion, les frais, que je suppose devoir rester les mêmes 18,000,000

Le produit net de l'enregistrement, dans la France actuelle, serait. 56,000,000

Les 135,000,000 des domaines et autres droits également réduits donnent... 96,000,000

qui, déduction faite des frais ci-dessus énoncés, maisdanslamême proportion..... 24,500,000

offrentun revenu assuré de...... 71,500,000, ci 71,500,000

Ainsi, le net des perceptions dont est chargée la régie des domaines, timbre, enregistrement et hypothèques, etc., les droits restant tels qu'ils sont, et sans élever leur tarif, peut s'évaluer pour les 88 départemens, à .,......... 127,500,000

Je me permettrai d'observer que ce produit, loin d'être exagéré, présentera nécessairement un résultat beaucoup plus avantageux, par l'effet seul de la paix continentale et maritime, dont l'influence sur le commerce tournera au profit de l'Etat. Les billets à ordre, les traites, les lettres de change, vont former une circulation prodigieuse, et le timbre, infailliblement, doit produire plus qu'il n'a produit lorsque toutes relations commerciales étaient interrompues, et que toute espèce de commerce extérieur était détruit.

J'ajouterai que le produit de l'enregistrement doit recevoir quelques modifications, lorsque l'Etat sera libéré des dettes énormes dont la tyrannie a grevé la France. Il sera alors de la grandeur du Roi et de sa justice, de diminuer, peut-être même de supprimer le droit perçu sur les successions en ligne directe. Mais l'instant de ce bienfait n'est pas arrivé : on peut seulement espérer qu'un jour un fils ne sera pas frappé d'un droit onéreux pour succéder à son père. Dans ce moment l'on ne doit penser qu'au soin de liquider l'Etat, et de lui assurer un revenu qui facilite sa marche et garantisse sa stabilité, en le mettant à même de payer toutes les dépenses courantes, et de combler le gouffre de l'arriéré.

L'enregistrement peut y contribuer en partie. Il ne s'agit pas d'en élever le tarif, mais seulement de reporter ce tarif tel qu'il est sur des actes de mutation de propriétés qui y étaient autrefois assujéties, et que l'ivresse révolutionnaire en a affranchies. Les rentes sur l'Etat, représentées aujourd'hui par des inscriptions au grand-livre, étaient considérées comme immeubles ; elles ne pouvaient changer de propriétaires sans un contrat notarié, sujet à un droit de contrôle, aujourd'hui remplacé par l'enregistrement. Le Gouvernement est le protecteur naturel de toutes les transactions des particuliers ; il doit faire exécuter les lois qui garantissent les propriétés : le droit de contrôle ou d'enregistrement est dû pour cette garantie. Les rentes sont une propriété qui, comme toutes les autres, est protégée, garantie au titulaire par la loi ; l'acte qui lui transmet cette propriété doit donc être passible d'un droit d'enregistrement, qui serait payé sur tous les transferts faits au trésor royal, à raison de 2 pour cent du prix de la vente.

Mais il ne suffit pas de faire payer ce droit sur les transferts réels faits au trésor royal : la compagnie des agens de change de Paris négocie quelquefois dans un mois une masse de rentes égale au moins à la valeur de celles inscrites au grand-livre. Elles sont vendues, achetées, revendues sans que le transfert en soit fait, sans que le Gouvernement, intéressé au maintien des transactions, connaisse aucune de ces mutations. A quel titre celui qui a acheté une de ces rentes en est-il propriétaire, puisque le transfert ne s'en opère pas ? A quel titre peut-il la revendre souvent dans la même journée ? Il a entre les mains, dira-t-on, le bordereau de négociation de l'agent de change; mais l'agent ne lui a pas livré la rente, il n'a pu la lui livrer si le vendeur n'a pas signé le transfert.

Il a en outre un engagement signé du vendeur, plus souvent de l'agent seul, portant promesse de livrer la rente vendue à une époque fixée.

Je réponds que cet engagement de livrer ne peut, aux yeux de la loi, équivaloir à un transfert; que ni l'agent qui le signe, ni l'agent qui le transmet, ne sont établis pour transmettre une propriété autrement que la loi le prescrit, et que par conséquent tout ce qui est fait en ce genre par eux est nul; mais il suffit qu'il y ait vente, pour que la loi intervienne et la protège : sans doute; mais pour qu'elle lui accorde sa protection, il faut qu'elle la connaisse, et par conséquent qu'un acte légal la justifie.

Comme on ne peut pas détruire tous les abus à-la-fois, surtout ceux de bourse, qui naissent de toutes les passions, il faut prendre les choses dans l'état où elles sont, et remédier au désordre.

Admettons donc comme principe que l'engagement de livrer à terme ces rentes de circulation, sera considéré comme translatif de la proriété, il devra alors au gouvernement le même droit de transfert que les rentes transférées au trésor.

Pour que l'Etat ne soit pas frustré de ce droit, je voudrais qu'immédiatement après la clôture du parquet, le commissaire de service fût chargé de parapher chaque feuillet des carnets de bourse des agens, et que l'état des négociations de rentes, dressé le premier de chaque mois, jour indiqué par cette compagnie pour la liquidation de ces marchés, fût remis le jour même au receveur de l'arrondissement de la bourse, lequel en exercerait le recouvrement sur l'agent négociateur, qui serait personnellement responsable du paiement du droit acquis au gouvernement, le 4 du même mois, jour où tous les paiemens des marchés du mois précédent doivent être consommés, suivant les règlemens que cette compagnie s'est fait pour ces sortes de marchés. La recette du gouvernement se ferait sans frais, et serait parfaitement assurée, puisque si la loi prescrit d'une part aux agens de change de ne pas négocier une vente d'effets sans que la remise leur en ait été faite, elle veut aussi que lorsqu'ils sont chargés d'acheter, les personnes qui les commissionnent à cet effet leur comptent les deniers, et il n'est pas présumable que les agens de change s'écartent de la loi de leur création.

Ces négociations sont tellement multipliées, que je ne doute pas que le droit modique de 2 pour cent ne doive rapporter, année commune, au moins.................... 12,500,000

Lesquels, réunis au produit énoncé............... 127,000,000

porteraient les rentrées des droits à............... 140,000,000

Administration forestière.

Il est difficile de fixer d'une manière certaine le produit annuel des forêts, dont les coupes ordinaires ne sont pas toujours égales. Il varie suivant les besoins et la chaleur des enchères, et suivant la quantité des coupes extraordinaires qui ont lieu.

Cette branche de revenu qui, en 1810, a été portée à. 50,000,000
n'a rapporté en 1813 que 36,000,000

Plusieurs raisons doivent amener une diminution considérable dans ce produit, que l'on pouvait estimer, année commune, être 42,000,000.

1°. La diminution provenant de la non possession des forêts sur pied dans les départemens qui ne font pas partie de la France, peut s'estimer à. . . . . 10,500,000.

Le revenu de la France dans sa conscription actuelle serait. . . . 31,500,000.

2°. L'esprit de justice du gouvernement monarchique à causé une autre diminution, à laquelle tout le monde applaudira. Une loi tyrannique, en rappelant les émigrés, ordonna la restitution de leurs biens invendus, à la réserve des portions de bois, formant 300 arpens, que l'on déclara réunies au domaine de l'Etat. Le gouvernement ne peut jouir légitimement de ces propriétés, qu'il n'a pas achetées des propriétaires ; son honneur lui a prescrit de les remettre aux personnes qui en avaient été dépouillées. Cette juste restitution le privera d'un revenu que j'estime au tiers du produit des forêts de la France actuelle.......................... 10,500,000

3°. Le gouvernement se trouvant seul propriétaire de presque tous les bois existans, pouvait, à son gré, en élever, et en élevait le prix. Tout le monde sait comment se faisaient les adjudications dans les préfectures. On ne recevait des enchères que sur une mise à prix portée sur un taux beaucoup plus fort que le prix réel du bois n'aurait dû être, pour que les consommateurs pussent y atteindre. Les marchands de bois, forcés par la nécessité, et n'étant d'ailleurs gênés par aucun règlement indicatif du prix auquel ils devaient vendre dans leurs chantiers à Paris, achetaient à tout prix. Ces abus ont produit le renchérissement prodigieux de cette denrée de première nécessité. Mais il convient que le gouvernement, qui sent le besoin de l'ordre, rétablisse les règlemens du commerce du bois pour l'approvisionnement de Paris, et que la fixation du prix de vente ne soit pas laissée à la cupidité des marchands. Cette fixation influera sur le produit des ventes de bois de la couronne, et j'estime qu'elle doit le diminuer d'un cinquième ou 20 pour 100....................... 6,300,000

Nous avons vu que le revenu des forêts comprises dans le territoire actuel pouvait s'élever à 31,500,000

Nous avons présenté en diminution, n°. 2	10,500,000	16,800,000
et n°. 3	6,500,000	

Le revenu des forêts ne doit, ces réductions faites, être porté que pour 14,700,000

Des Douanes.

Cette branche des revenus de l'Etat est assurément la plus essentielle, non pas par son produit, mais parce qu'elle a des rapports directs et immédiats avec le commerce, véritable source de la prospérité publique, et qui seul peut assurer la grandeur et la force du gouvernement. Par le mot commerce, je n'entends pas parler de celui de l'intérieur. Il peut sans doute être utile aux particuliers qui le font, mais il n'ajoute rien à la fortune publique. Il fait passer de la main d'un Français dans les mains d'un autre Français, une partie de son argent; mais la masse du numéraire reste la même, il ne l'accroît pas. Le commerce extérieur, au contraire, fait arriver dans les caisses françaises les richesses des étrangers; il doit enrichir les Français, non aux dépens de leurs compatriotes, mais à ceux des autres peuples. Tout concourt aujourd'hui à cet heureux résultat : la paix rétablit les relations et la confiance entre tous les peuples, et ouvre un champ vaste au génie du commerce et à ses spéculations.

Il appartient à la sagesse du gouvernement de profiter de cette heureuse situation, et de fonder les bases de la prospérité française, en assurant, par des lois sages sur les douanes, la prospérité du commerce.

La grande idée du blocus continental, qui a tué le commerce et les manufactures françaises, n'était qu'une idée conçue par la folie, et réalisée par la basse cupidité. Elle mettait dans la main du gouvernement tous les moyens de contenter son avidité, en s'emparant des denrées de première nécessité, et les revendant aux Français au prix qu'il voulait. Ce système du délire est proscrit et ne peut plus reparaître. Le commerce doit être libre; l'intérêt du gouvernement et celui des particuliers le veulent également. Mais en admettant la liberté, je proscris la licence que la cupidité de certains spéculateurs immoraux pourraient vouloir introduire. Des lois sages la réprimeront. Elles doivent permettre la faculté d'exporter, sans être assujétis à aucun droit, les objets manufacturés en France. Ce sera un véhicule puissant à l'émulation. Elles doivent autoriser aussi, sans droit, l'importation des matières premières nécessaires aux manufactures : la combinaison de ces deux moyens doit mettre nos manufacturiers dans l'heureuse position de rivaliser avec les manufactures étrangères dans toutes les places où leurs produits seront exportés.

La prohibition des objets manufacturés chez l'étranger, me semble contraire à l'essence du commerce, qui n'existe que par la liberté; mais il appartient à la prudence du monarque de rendre leur introduction non nuisible au commerce, en mettant sur ces objets manufacturés un droit assez fort, pour que les étrangers ne puissent, sur nos marchés, vendre en concurrence avec nos fabricans, et au même prix.

Les droits de douanes doivent en général porter sur les objets qui ne sont pas nécessaires aux manufactures, et être faibles sur les productions du sol étranger, qui sont, par l'effet de l'habitude, devenus pour les habitans de la France un objet de consommation indispensable.

Par ces moyens, notre commerce reprendra une vigueur nouvelle, et je ne mets pas en doute que, dans peu de temps, la balance ne soit en sa faveur.

Pour arriver à ce résultat, il serait important que la France favorisât l'exportation des productions de son sol non nécessaires à la consommation, en ne les imposant que faiblement à leur sortie.

Il faut donc réformer tout le système actuel des douanes, et le ramener à des proportions raisonnables. On sait que les exagérations sur lesquelles il est établi, ont ruiné l'universalité des négocians des places maritimes et les manufacturiers. Cette réforme amènera une réduction énorme sur les poduits ; mais cette réduction sera le type de la renaissance du commerce, et par conséquent la sûreté de sa prospérité.

Les douanes qui, en 1807, rapportaient	60,000,000.
tombèrent, en 1808, époque du blocus, à...........	18,000,000.
Depuis, l'extravagance des taxes sur les denrées les plus nécessaires, éleva les produits, en 1810, à......	49,000,000.
en 1811, à......	79,000,000.
en 1812, à......	80,000,000.
De nouvelles augmentations les firent calculer, pour 1813, sur.................	100,000,000.

Mais ils ne furent jamais réalisés sur ce taux. Aujourd'hui on peut croire avec fondement que les tarifs des douanes, fixés sur des bases sages, pourront rapporter plus de 30,000,000.

Loteries.

Le produit des loteries, qui est le résultat d'un jeu scandaleux, ne devrait pas entrer dans les calculs du gouvernement actuel. Il se prélève sur la classe la plus indigente de la société, que l'appas d'un espoir assez chimérique entraîne à porter chez le buraliste, non ses économies, car cette classe n'en fait pas, mais le prix des journées, nécessaire à sa subsistance. L'immoralité du jeu de la loterie, les malheurs, les suicides qu'elle a occasionnés, la ruine des familles, souvent même leur déshonneur, tout me ferait désirer que l'abolition de ce jeu fût prononcée.

D'un autre côté, je ne puis me dissimuler qu'il est difficile de mettre un frein à la passion du jeu; que si la loterie était supprimée, des gens vils et cupides, sûrs d'un gain énorme, ouvriraient des bureaux clandestins, où, loin de la surveillance publique, ils recevraient des mises. Il serait donc à craindre que les mêmes malheurs ne continuassent à se faire sentir.

Dans cette position, il me semble qu'il serait sage de faire tourner la folie des joueurs au profit des établissemens formés pour le soulagement des malheureux, et cela avec d'autant plus de raison, que l'on a poussé l'infamie jusqu'à vendre les propriétés qui étaient, pour ainsi dire, le vrai patrimoine des pauvres. Je propose en conséquence de prononcer la suppression des loteries établies actuellement, et le rétablissement de la loterie royale telle qu'elle existait, et d'en créer une autre sous la dénomination de loterie des hôpitaux civils et des Enfans-Trouvés. Elle serait calculée sur les bases de l'ancienne loterie de piété, et tirée seulement le premier jour de chaque mois. Les billets seraient de trente sous, et les buralistes pourraient être autorisés à les couper par société.

Les fonds provenant du bénéfice de ces loteries appartiendraient, par moitié, aux hôpitaux civils et à l'hôpital des Enfans-Trouvés.

Leur produit, administré avec économie, doit être annuellement, au moins. . . 12,000,000.

Postes.

Les budjets de 1811, 1812, 1813, en portent le produit à treize millions, ci. . . 13,000,000.

Cette administration, qui a constamment été bien réglée, ne paraît pas devoir éprouver une réduction bien forte sur ses produits, par la diminution du territoire. Si elle perd quelque chose en recette, elle le gagne à peu près par la réduction des dépenses auxquelles elle était forcée par l'étendue du territoire.

En 1790, la poste rapportait à peu près huit millions. Depuis, la taxe des lettres a subi une augmentation très-considérable; elle est d'un tiers sur des parties, du double sur d'autres; sur un grand nombre, du quart.

En ne l'estimant être que du quart sur le tout, on peut raisonnablement porter cette branche de revenu à dix millions, ci. . . . . 10,000,000.

Elle rapportera davantage; mais j'aime mieux

être au-dessous de la vérité dans ce travail, que de la dépasser par des exagérations.

Des Salines de l'Est.

Placées dans le royaume, elles n'éprouvent aucune diminution par le traité de paix : elles doivent donc être portées en revenu, pour le prix du bail par lequel elles sont affermées, 3,000,000.

Poudres et Salpêtres.

Leur produit ne s'est jamais élevé plus haut que cinq cent mille francs. Je le crois susceptible d'une assez grande diminution. Cependant, l'activité donnée au commerce par la paix générale, et la bonne qualité de la poudre française, reconnue universellement, peuvent donner lieu à des exportations qui maintiendraient cette faible branche de revenu; mais, dans cette incertitude, je crois ne rien donner au hasard, en le portant ici seulement pour. . . . . 200,000 fr.

Des Impôts indirects dépendant de la Régie des Droits-réunis.

La régie des droits réunis, aujourd'hui partie de l'administration des contributions indirectes, était chargée du recouvrement des droits,

Sur les vins, les bières, eaux-de-vie, et autres distillations,

Sur les sels,

— Les voitures publiques,

— Les cartes à jouer,

— Les matières d'or et d'argent,

— La navigation intérieure, les bacs et passages d'eau, et l'octroi du Rhin.

Elle perçoit, en outre, le dixième des droits d'octroi, les neuf autres étant destinés aux hôpitaux, et perçus par une régie particulière.

On lui a enfin réuni l'administration des tabacs, pour la vente exclusive.

Cette régie, la plus importante branche des revenus du royaume, a beaucoup d'ennemis, et sa conservation intéresse essentiellement les finances de l'Etat. Au moment d'un changement de régime, l'esprit novateur des intrigans se réveille toujours, et tend à la désorganisation, sans songer aux moyens de subvenir aux dépenses. Des pamphlets plats et ridicules ont vociféré des injures contre la régie des droits-réunis; leurs auteurs, qui n'en connaissent pas même le mécanisme ni les élémens, ont demandé à haut cri qu'elle fût supprimée, et aussitôt les contribuables, joignant leurs clameurs, se sont crus autorisés à ne pas payer les droits, dans le moment où toutes les caisses étaient épuisées, et où les perceptions devenaient le plus nécessaires.

J'en conviens, et l'on ne peut le nier, il existait des abus dans la perception, des abus révoltans ; mais il faut bien moins les imputer à la régie et à ses formes administratives, qu'au gouvernement oppresseur dont le ciel a délivré la France. Son insatiable avidité n'était jamais satisfaite des produits, quelqu'élevés qu'ils fussent : il voulait qu'ils augmentassent tous les jours, et, pour y parvenir, il prescrivait, il autorisait les mesures les plus arbitraires, les plus vexatoires.

On peut, à juste titre, faire à la régie le reproche d'avoir eu la faiblesse de s'être prêtée à ces actes despotiques, de n'avoir pas eu le courage de faire de juste représentations, et d'avôir, par ses agens, donné trop long-tems au tyran des ressources pécuniaires, qui ont contribué à prolonger son pouvoir et ses excès. Mais ces fautes, graves sans doute, sont personnelles à quelques individus; elles ne peuvent être un motif pour prescrire la suppression de la régie : il faudrait, pour que cela fût, que ces fautes, et les plaintes auxquelles elles ont donné lieu, fussent la suite des droits établis; mais il n'en est pas ainsi. Les ennemis les plus prononcés de la régie n'ont pas attaqué les droits perçus, même la quotité de ces droits, mais le *mode vexatoire de la perception, dans une seule partie des droits confiés a la régie*, celle des droits sur les vins, bières, eaux-de-vie, etc ; et cependant ils demandaient la suppression de la régie, sans distinction. Leurs clameurs n'en n'ont pas imposé à l'autorité légitime, qui a bien senti qu'il convenait de réprimer les abus, mais qu'il serait désastreux d'enlever au trésor royal sa plus féconde source de richesses. En conséquence, dès le 27 avril, S. A. R. Monsieur, en qualité de lieutenant-général du royaume, a rendu une ordonnance portant l'affranchissement des exercices chez les débitans de boissons, et l'autorisation des abonnemens.

Une nouvelle ordonnance, rendue par le Roi le 1er juin 1814, confirme celle ci-dessus citée, et en prescrivant dans les villes l'affranchissement des exercices chez les débitans, elle ordonne qu'en remplacement du droit de détail, il sera perçu, aux portes des villes, une taxe additionnelle aux droits d'entrée et d'octroi, égale au droit remplacé.

Ainsi, la sagesse du gouvernement a reconnu la nécessité du maintien du droit, et de la suppression seule du mode vexatoire de la perception.

Je respecte, comme sujet fidèle, les décisions de mon Roi, et, convaincu de ses lumières et de sa sagesse, je suis persuadé qu'en ordonnant le remplacement du droit de détail par un droit équivalent, perçu à l'entrée des villes comme taxe additionnelle aux droits d'entrée et d'octroi, il a pesé les avantages qui doivent en résulter, et les inconvéniens qui pouvaient le suivre. Ce n'est donc qu'avec crainte que j'oserai exprimer mon sentiment. Il me semble que l'on peut, avec quelque fondement, craindre que le mode de remplacement, favorable sans contredit aux marchands de boissons en détail, ne blesse les intérêts d'un grand nombre de personnes, et ne soit la source de beaucoup de réclamations.

Le droit additionnel à celui d'entrée et d'octroi se prélèvera, sans contredit, sur toutes les boissons qui se présenteront pour entrer en ville. Pourquoi les particuliers qui ne font aucun commerce de boissons, seront-ils contraints de payer une addition au droit ordinaire d'entrée sur le vin qu'ils feront venir par pièces à leur domicile, et cela en remplacement du droit de détail auquel ils n'étaient pas sujets?

Ne doit-on exiger aux portes des villes la taxe de remplacement, que sur les vins, etc., destinés aux détaillans de boissons? Quelle latitude présentée à la fraude! Combien il sera facile à ces détaillans d'éluder le paiement du droit, en faisant adresser les vins, bières, eaux-de-vie, à des domiciles autres que le leur, d'où ils les feront ensuite transporter dans leurs magasins; et dans ce cas, à quoi se réduira la somme du droit? A presque rien.

Peut-être mes craintes à ce sujet ne sont-elles pas fondées; je le souhaite sincèrement.

J'avais pensé que l'exercice chez les débitans devait être supprimé, parce qu'il était odieux que le domicile d'un Français fût exposé à être violé à toute heure, même de nuit, par un commis; et, combinant les intérêts de l'Etat avec la tranquillité des contribuables, j'avais cru que le droit de détail pouvait être remplacé par une augmentation sur le droit de mouvement, depuis long-temps en activité.

Après avoir établi le produit des droits, je présenterai, sur cet objet, quelques idées qui seront une preuve de mon respect pour les décisions de mon Roi, et de mon parfait dévouement à ses intérêts.

Voyons maintenant ce que rapportait la régie des droits-réunis, et quel produit l'on doit espérer de l'administration des contributions indirectes, pour les articles de recette dont la première était chargée.

Les comptes de 1813 ne peuvent pas encore être établis; je prendrai pour base les recettes constatées dans ceux de 1812.

Elles s'élèvent, pour les droits de mouvement, d'entrée, de détail, sur les vins et eaux-de-vie, ceux sur les bières, les distillations et les licences des distillateurs, à 118,041,586 47

Les voitures publiques . . .	3,314,789	51
Droits de garantie sur l'or et l'argent.	1,490,538	15
Idem sur les cartes et vente		
	122,846,914	13

Report	122,846,914 13
du papier filigrané.	901,637 56
10e de l'octroi, augmentation de 5 ⁄ et timbre. . .	8,305,531 46
Canaux et produits de la pêche.	466,900 35
Consignation d'instrumens, amendes, etc.	689,629 63
Droits spéciaux sur la navigation intérieure, etc. . .	9,567,813,41
TOTAL de la recette. . .	142,778,426 54

non compris les sels et les tabacs, dont je traiterai séparément.

Toutes les dépenses de l'administration, et celles relatives à la perception, sont estimées . . . . 32,000,000, et elles ne se sont jamais élevées à cette somme; mais en la supposant juste, il convient d'en déduire le tiers pour les frais de l'administration des tabacs, ce qui les réduit à . 21,333,333 34 lesquels également déduits du total des recettes montant à . . 142,778,426 54

présenteront un produit net de. 121,445,093 30

Plusieurs des articles composant ce revenu sont susceptibles d'une très-faible diminution, par l'état actuel du territoire de la France. Quelques-uns doivent, par l'influence de la paix sur les relations commerciales, qui se multiplieront,

devenir plus productifs; mais pour ne rien mettre au hasard, je supposerai que les produits doivent diminuer dans la proportion du territoire, et je regarderai comme assuré un revenu de plus de. 85,900,000
Mais si l'on diminue la recette en proportion de l'étendue du territoire, il convient aussi de présumer que les frais d'administration et de perception éprouveront une diminution proportionnelle. Elle devrait être de 6,235,897, je ne porterai cette économie, en augmentation du produit présumé, que pour. 4,100,000

en sorte que je regarde comme probable que les droits, restant tels qu'ils sont, rapporteront. 90,000,000

Ce produit, que j'établis comme devant être celui des droits actuels, n'est pas hypothétique, mais résulte d'un calcul exact de la quantité des liquides imposés, de celle des matières d'or et d'argent sur lesquelles le droit de garantie se perçoit, etc. Cependant il est possible que, pendant les années 1814 et 1815, cette partie du revenu de l'Etat ne soit pas portée à ce taux.

Plusieurs raisons concourent à diminuer les recettes; la plus sensible prend sa source dans l'empressement que quelques adulateurs de la multitude ont mis à publier la promesse de la destruction des droits-réunis. Ils n'avaient d'autre but que de se populariser, et ils ont, par cette conduite inconsidérée, desséché, dans tout le royaume, une source de la prospérité de l'Etat.

Une autre cause est la presqu'impossibilité de percevoir les droits dans les provinces qui ont été le théâtre de la guerre, celles surtout qui, depuis l'armistice jusqu'à leur évacuation, ont été occupées par les troupes des alliés, qui y ont exercé des réquisitions plus fortes que celles qu'ils avaient exigées pendant les hostilités, et ont ainsi épuisé toutes les ressources de ces pays. Mais ces maux s'effaceront, ces causes de stérilité cesseront, et je ne mets pas en doute que les droits-réunis, en 1816, s'ils sont administrés sagement, ne rapportent net. . . 90,000,000.

Je crois devoir terminer cet article par quelques observations sur la suppression demandée du droit de detail.

Le produit des divers droits dont était chargée la régie des droits réunis, porté en son compte de 1812, non compris les sels et la vente des tabacs, calculé sur l'étendue actuelle du territoire, et la population de la France, présente une somme annuelle à recouvrer de 96,641,027 f., que je n'ai employé ici que pour 90,000,000. Dans cette somme, le droit de détail, le seul sur lequel il s'est élevé des réclamations, est compris pour à peu près 48,000,000.

On demande la suppression de ce droit; cette demande est-elle admissible? est-elle préjudiciable à l'intérêt du gouvernement? voilà ce qu'il importe d'examiner.

Je ne me porte pas le défenseur d'un droit qui paraît odieux; mais je crois qu'il l'est, non pas par l'excès de la taxe, établie à raison du 6e de la vente, mais par les vexations journalières, diurnes et nocturnes, auxquelles le caprice d'un employé soumet les contribuables.

Ce fait est reconnu et avoué, puisque les réclamans offrent de payer ce qu'ils payent, et ne demandent que la suppression de l'abus.

Ce point, non contesté, donne la preuve que l'on est généralement d'accord que le droit perçu n'est pas trop fort, et que c'est seulement le mode de perception qui l'a rendu odieux.

Dans le moment actuel, où l'Etat a besoin de fonds, où, par suite des derniers événemens, les caisses sont vuides, et le crédit non encore établi, est-il raisonnable de supprimer un impôt indirect dont la perception est facile et fructueuse, et de se priver ainsi d'un revenu considérable, et dont les dépenses publiques nécessitent la rentrée? Le gouvernement ne peut-il réprimer les abus de la perception, sans couper cette branche de son revenu? Ce serait, je crois, le parti le plus raisonnable.

En effet, on ne peut remplacer le droit de détail par aucun impôt plus sûr que lui-même; car chaque détaillant de boissons n'étant assujéti à payer que sur le produit de la vente consommée, est, pour ainsi dire, dans cette partie, receveur pour le compte du gouvernement, des droits que chaque acheteur en détail lui paye pour sa consommation. Le détaillant n'a donc rien à payer lui-même ; il ne fait que rendre ce qu'il a reçu en sus du bénéfice qu'il veut retirer de sa vente : il n'a, par conséquent, aucun intérêt pécuniaire à la suppression du droit en lui-même.

Il me semble que des règlemens sages, qui fixeraient les devoirs des employés, de manière qu'ils ne pussent pas les outre-passer sans se rendre coupables de concussion, feraient disparaître les abus dont on se plaint, et, ces torts de la régie n'existant plus, les réclamations cesseraient, et l'Etat ne serait pas privé d'un revenu nécessaire, dont la perception est si facile.

Je suppose maintenant qu'au lieu de faire des règlemens repressifs des abus de la perception, le gouvernement, cédant aux réclamations, se détermine à renoncer au produit du droit de détail des boissons, et supprime le droit.

L'état actuel des finances ne lui permet pas de faire cette suppression sans remplacement. Quel moyen emploiera-t-il pour ne pas éprouver un déficit dans les recettes ?

On a proposé des abonnemens, ou d'établir un droit de mouvement, un droit d'entrée dans les villes, ou enfin de réunir ces deux moyens.

Le premier de ces expédiens me paraît impraticable dans son exécution, et n'offre aucune garantie. En effet, quelle sera la base de ces abonnemens ? Prendra-t-on la déclaration du détaillant? L'expérience la mieux constatée prouve que cette classe d'hommes a toujours été disposée à frauder les droits; et d'après cela, peut-on croire raisonnablement à la sincérité des déclarations qu'elle fera ?

Acceptera-t-on l'abonnement d'après le calcul des droits payés par le détaillant qui proposera de s'abonner ? Mais cela ne peut être admis que pour le marchand établi au moins depuis un an, et ne peut s'appliquer à celui qui vient de former récemment un établissement, à plus forte raison à celui qui s'établira par la suite.

Dans les villages, les jours de foire et de grands marchés, chaque cultivateur, pour ainsi dire, devient marchand de boissons en détail : certes ils ne peuvent offrir d'abonnement. Si l'exercice est entièrement supprimé, comment atteindre la perception du droit dans cette classe de débitans momentanés? car on ne peut supposer que l'on conserve des employés qui n'auraient à exercer que quelques jours dans l'année. Les frais surpasseraient évidemment la recette.

L'établissement d'une augmentation sur les droits de mouvement et d'entrée peut-il remplacer le droit de détail sur les boissons ?

Pour résoudre cette question, il faut se rendre compte de ce que ces deux droits ont rapporté en 1812, et de ce qu'ils peuvent rapporter dans la circonscription actuelle du territoire.

Le droit de mouvement qui se prélève à l'enlèvement des liquides, a toujours été d'une perception difficile, qui a apporté de grandes entraves dans les négociations commerciales. Il est à craindre que l'augmentation projetée ne soit la source d'une nouvelle gêne dans le commerce, et ainsi ne produise pas le résultat que l'on en attend.

On peut dire la même chose de l'augmentation du droit d'entrée; et, sur l'une et sur l'autre, on est attristé par la réflexion, qu'il n'est pas juste de faire payer un nouveau droit aux particuliers, en remplacement d'une taxe supprimée à laquelle ils n'étaient pas assujétis. C'est ce qui arriverait cependant; et ainsi le droit de détail se trouverait supprimé pour le seul avantage des marchands de boissons en détail, qui n'en vendraient pas leur vin moins cher aux consommateurs en détail : ils retireraient tout le bénéfice de la suppression, pendant que l'impôt se payerait en partie par les consommateurs en gros, qui ne payaient pas le droit perçu sur le détail des boissons.

Quoi qu'il en soit de ces réflexions, voyons ce que les droits de mouvement et d'entrée ont rapporté en 1812, et quel peut être le produit basé sur l'étendue du territoire, sur la consommation présumée, et enfin de combien leur tarif doit être augmenté pour pouvoir remplacer le droit de détail, qui doit rapporter actuellement à peu près . . . . 48,000,000.

Le produit du droit de mouvement, d'après le compte de 1812, a été 13,962,922 fr. 72 cent.

Calculé dans la proportion du territoire, il peut être évalué . . . . 9,451,824f.

La même proportion sur le droit d'entrée porté au même compte à 12,341,735 fr. 77 cent., ne laisse espérer un recouvrement que de . . . 8,354,400 f.

Aussi, dans le produit présumé que j'ai présenté pour les droits-réunis, ceux dont il s'agit ici ne sont compris que pour. . . . . 17,806,224 f.

On serait donc contraint de forcer considérablement les tarifs pour obtenir la somme du droit de détail; et cette opération, nécessitant de la part des contribuables le paiement cumulé de sommes très-fortes, aurait le double inconvénient d'éprouver des difficultés dans la perception, et d'être un puissant stimulant pour la fraude, qui doit toujours être plus active en raison directe du bénéfice que présente le non paiement du droit.

Je me crois donc fondé à dire que la suppression du droit de détail est contraire aux vrais intérêts de l'Etat; qu'il serait plus sage de détruire l'odieux de la perception par des règlemens sages, que de se priver d'un revenu considérable et d'une rentrée facile.

J'ajouterai que, dans le cas où l'on persisterait à proscrire entièrement le droit de détail sur les boissons, il ne peut être remplacé uniquement par une augmentation soit particulière, soit cumulée, sur les droits existans de mouvement et d'entrée, et que ce remplacement nécessitera l'établissement d'une ou plusieurs taxes nouvelles sur des objets non assujétis aux droits dans ce moment.

Avant de présenter mes idées sur ce point, aussi délicat à traiter qu'important, je crois nécessaire de dresser un état des droits formant les 90,000,000 pour lesquels j'ai compris les droits-réunis dans les revenus de l'Etat. Ce sont les anciens droits perçus par la régie, et calculés sur la population et le territoire du royaume.

DROITS GÉNÉRAUX.	Droit de mouvement	9,450,000
	Droit d'entrée	8,350,000
	Droit de détail	48,000,000
	10e. de l'octroi.	4,400,000
	Droits sur les bières.	9,500,000
	Distillations et licences des distillateurs	800,000
	Timbre	1,100,000
	Voitures publiques et 10e. du transport	2,250,000
	Droit sur les cartes et fournitures du papier filigrané	600,000
	Droit de garantie des matières d'or et d'argent.	1,000,000
	Canaux, produit de la pêche et des francs bords	300,000
	TOTAL des droits généraux. .	85,750,000
Droits spéciaux.	Navigation intérieure, bacs et passages d'eau	4,250,000
	TOTAL du produit, l'exercice sur les boissons en détail restant tel qu'il est . . .	90,000,000

Pour remplir le déficit des 48,000,000 provenant du droit de détail, je propose, dans le cas où il serait supprimé,

1°. De doubler dans tout le royaume le droit de mouvement, et celui d'entrée dans les villes où l'octroi est établi.

2°. De porter à un 5ᵉ. le 10ᵉ. que la régie perçoit sur les octrois : le produit de ces droits est, suivant l'état qui précède, de. 22,200,000

Mais comme le doublement d'un impôt n'en double pas ordinairement la recette effective, je ne porterai l'augmentation de ces trois articles qu'à. 20,000,000

3°. De recevoir les abonnemens des détailleurs de boissons dans les villes non fermées et les bourgs. En s'assurant de la véracité des déclarations, ils peuvent produire au moins 7,000,000

4°. On pourrait établir un droit de 20 cent. par kilogramme de suif sortant des fonderies, et de 40 cent. par livre de cire employée en bougie, cierges, etc. La perception de cette taxe étant générale, et frappant sur un article d'une consommation journalière, peut être portée à. . . 11,000,000

Ce qui ne suppose pas quatre mil-

38,000,000

De l'autre part 38,000,000

lion six cent mille ménages en France consommant un kilogramme de chandelle par mois.

5°. Je propose de créer un droit de marque sur les fers et les cuirs, calculé dans une proportion modérée, mais pouvant produire. 10,000,000

TOTAL égal au droit de détail qui serait supprimé 48,000,000

Outre cette branche de revenu dont je viens de traiter, la régie était chargée de la vente des tabacs et de la perception d'une portion du droit sur le sel.

Des Sels.

Le droit sur les sels était fixé à 20 cent. par kilogramme, dûs à l'extraction des salines.

Les négocians faisant le commerce des sels étaient autorisés à ne pas payer à l'extraction, mais à mettre en entrepôt, et à payer seulement à l'enlèvement de l'entrepôt.

Les préposés aux douanes étaient chargés de la perception; cependant, comme l'entreposage était libre dans l'intérieur, la régie des droits-réunis était autorisée à percevoir le droit partout où il n'y avait pas de bureau de douane. Ainsi il faut, pour établir le produit du droit sur le sel, réunir les recettes faites par les douanes à celles confiées aux droits-réunis.

Il est bon de remarquer qu'en 1810, avant la réunion de la Hollande et des départemens anséatiques, les 20 cent. par kilogramme rapportaient 43,000,000. Cette réunion produisit peu d'effet en 1811. En 1812, les recettes s'élevèrent à peu près à 46,000,000, dans lesquels il faut compter la perception faite par les droits-réunis, et portée à son compte de 1812 pour 7,181,510 fr. 20 c., et celle des douanes à environ 39,000,000. Aujourd'hui que ces deux administrations sont réunies dans une seule régie, il ne faut plus s'occuper que de l'ensemble du produit.

Nous avons vu qu'en 1810 les 20 cent. par kilogramme rapportaient 43,000,000. En réduisant ce produit dans la proportion de la population actuelle, mais sans comprendre dans la réduction les départemens de la Hollande et ceux dits anséatiques, l'on pourra présumer un produit de plus de 32,500,000 fr.

En 1813, on avait porté au double le droit de 20 cent. par kilogramme, ce qui n'aurait pas élevé le prix de la livre en détail à plus de 6 sols ou 30 cent., en laissant au négociant en gros un fort bénéfice. Cet aperçu ne présente aucune crainte de réclamation, parce que le sel serait à un taux tel, que tout le monde pourrait y atteindre.

Le taux de 6 sols ne peut paraître considérable, si l'on considère qu'il y a vingt-cinq ans on payait la livre de sel près de 14 sols, et à cette époque les plaintes ne portaient pas sur le prix, mais sur le mode injuste et tyrannique de perception, sur la nécessité où l'on était de consommer telle quantité, sur ce que cet impôt de gabelle, odieux en lui-même, l'était encore plus par l'inégalité de sa répartition, et surtout par la violation des domiciles dans lesquels les gabeloux étaient autorisés à s'introduire, sur un simple soupçon d'une fraude, qu'ils avaient souvent l'art de préparer eux-mêmes. Mais le droit sur le sel, quel que soit son tarif, continuant à se percevoir à l'extraction, et avec les modifications adoptées, n'a rien de vexatoire, rien qui puisse faire craindre une mesure arbitraire. Il laisse au commerce son activité, ses spéculations, sa liberté, et aux consommateurs la faculté de n'acheter que suivant leurs besoins.

Ces réflexions m'amènent à proposer de laisser subsister, pour les années 1814, 1815, 1816, 1817 et 1818, le doublement du droit à l'extraction, ce qui doit élever le produit à 65,000,000.

Cette augmentation momentanée me paraît indispensable dans ce moment, où le Roi, reprenant les rênes du gouvernement, a trouvé les caisses épuisées, et où un zèle inconsidéré a, ainsi que je l'ai dit, tari une source féconde de prospérité.

Je suis persuadé qu'au commencement de 1816, l'ordre et l'économie que Sa Majesté introduit dans toutes les parties de l'administration auront amené une diminution tellement sensible dans les dépenses, qu'il serait possible non seulement de ne laisser subsister sur le sel que le droit primitif de 20 centimes, mais même de réduire beaucoup les contributions foncière et personnelle, sans la nécessité de faire face aux dépenses arriérées de la guerre, dont cependant la masse énorme se trouvera payée avant la fin de 1818, comme on le verra lorsque je traiterai cette partie des charges de l'Etat.

Des Tabacs.

La vente exclusive du tabac a été confiée à une administration particulière; une idée d'économie mesquine et mal entendue, a prescrit sa réunion à la régie des droits-réunis.

Une branche aussi importante du revenu de l'Etat, méritait de former une administration particulière, dont la surveillance continuelle sur les grands intérêts qui lui sont confiés, aurait été exercée par des préposés de son choix, intéressés par cela même à sa prospérité.

La réunion des tabacs aux droits-réunis, et la suprématie du directeur général sur l'administrateur chargé des tabacs, a mis ce dernier dans l'impossibilité de mettre dans sa gestion l'économie dont elle était susceptible. Une nuée d'employés inutiles, sous les titres d'inspecteurs et de contrôleurs extraordinaires, est venue du fond des bureaux du personnel de la régie, fondre sur l'administration des tabacs, et entraver sa marche. Ces commissionnés inutiles n'ont servi qu'à augmenter les dépenses, gêner les opérations, protéger les abus, au lieu de les prévenir, et en introduire de nouveaux.

La comptabilité, si importante dans une administration, a éprouvé des lenteurs, suite naturelle d'une lutte continuelle entre l'administrateur des droits-réunis, chargé d'établir les comptes de la régie, et le mandataire spécial du gouvernement, chargé par lui des tabacs.

L'esprit d'intrigue a prévalu au point que l'on a refusé à ce dernier les moyens d'établir le compte qu'il doit rendre personnellement comme chargé spécialement par le gouvernement, et qu'il était facile de joindre au compte général de la régie, dont il devait former un chapitre.

C'est sur ses rapports que le conseil de la régie alloue les sommes payées par les directeurs des départemens, pour les frais de manufactures et autres, et ces directeurs sont autorisés à ne lui transmettre que les pièces non quittancées : celles acquittées, celles vraiment seules comptables, ne doivent être adressées par eux qu'à l'administrateur de la deuxième division, qui *n'a reçu du gouvernement aucune délégation de pouvoir pour s'immiscer dans l'administration des tabacs*. Lui seul ainsi est à même de juger la validité de pièces comptables, dont l'administrateur des tabacs est responsable aux yeux du gouvernement.

Assurément s'il y a un abus à réprimer, c'est celui-là ; mais il n'est pas le seul.

Malgré ces tracasseries et ces dégoûts, l'administrateur des tabacs a senti la nécessité de reconnaître la validité des paiemens faits pour le service des tabacs, et d'établir lui-même le compte des dépenses de son administration. Il ne pouvait y procéder que par la vérification des pièces qui lui sont transmises sans quittance, mais certifiées par les directeurs ; il a confié ce travail à un bureau de comptabilité et de vérification, qui est réellement indipensable ; et d'un autre côté, l'administrateur de la deuxième division, quoiqu'étranger dans ses fonctions aux tabacs, a cru devoir aussi former un bureau semblable, pour établir les comptes des tabacs, sous le prétexte risible qu'il est chargé de la comptabilité des droits-réunis. Cette concurrence sans but, sans motif plausible, occasionne un doublement de frais que l'on fait supporter en entier à l'administration des tabacs.

Je pourrais m'étendre et multiplier les citations d'abus, dont l'existence n'est due qu'à la réunion des deux administrations, et qui cesseront au moment même où l'administration des tabacs, gérée isolément, ne recevra d'ordre que de la sagesse du chef que le gouvernement a placé à sa tête. Mais je m'arrête pour considérer les produits actuels.

Je me permettrai cependant d'observer que l'économie espérée a pu seule faire concevoir l'idée de la réunion des tabacs et des droits-réunis. L'attente du gouvernement, sous ce point de vue, est encore trompée. Par un arrangement ordonné, l'administration des tabacs supporte le tiers des frais de toute la régie. Ces derniers sont de 32,000,000. Les frais des tabacs sont donc évalués à près de . . . . . 11,000,000.

Si elle gérait seule, pourrait-elle dépenser davantage? Où est donc le bien, l'avantage que procure à l'Etat la réunion des deux établissemens?

Cependant, l'administration des tabacs, quoique sans cesse contrariée dans sa marche, quoiqu'encore, pour ainsi dire, à son berceau, a donné de grands et puissans résultats, qui doivent faire juger de son importance, et combien elle devra être fructueuse, si un jour elle se trouve dégagée des entraves qui gênent et contrarient ses mouvemens.

Ses recettes constatées au compte de 1812, pour le produit de la vente des tabacs, se sont élevées à . . . . 78,018,511 fr. 45 c.

Je ne connais pas le montant des recettes pour 1813, les comptes n'en sont pas établis; mais j'ai la conviction qu'elles présentent une augmentation nécessitée par la mesure qui a prescrit de ne fabriquer que deux qualités.

Je pense que les produits augmenteraient encore sensiblement, si l'administration supprimait sa deuxième qualité, et n'en faisait fabriquer que d'une seule, composée de bonnes feuilles, et qu'elle livrerait aux consommateurs à un prix inférieur à celui où elle vend aujourd'hui la première qualité.

Voyons maintenant à quel taux on peut estimer le produit de la vente des tabacs, d'après l'étendue du territoire actuel de la France, et de sa population.

Je crois la mettre au-dessous de la réalité, en établissant la vente du tabac à . . . 50,000,000.

Après avoir établi quels peuvent être les revenus de l'Etat, voyons quelles sont ses charges; nous finirons par établir un tableau comparatif, qui mettra à même de juger s'il peut y faire face.

Des Dépenses.

Si l'on reporte les yeux sur les dépenses dont le dernier gouvernement s'était grevé, on frémit; mais en considérant qu'elles sont presque toutes susceptibles de réduction, on a l'espérance qu'une administration sage pourra, par son économie, remplir tous les engagemens contractés. Ils sont tous également sacrés aux yeux du gouvernement; il en est, cependant, qui, par la position des intéressés, paraissent avoir un caractère plus inviolable ; telle est la dette consolidée, dont les propriétaires ont été dépouillés, par l'anarchie directoriale, des deux tiers de leurs capitaux et de leurs rentes ; telles sont les pensions modiques consenties au clergé, en échange des propriétés de tous genres qui lui ont été enlevées, à l'aide de sophismes ; telles sont les pensions dues aux anciens militaires, pour prix de leurs services, et du sang versé pour leur pays. Si le gouvernement ne peut réparer les malheurs éprouvés par ces victimes de la révolution, il doit au moins ne jamais penser à réduire le peu qui leur reste. Les pensions dues aux militaires, pour prix de leur service, ne doivent pas non plus craindre de réduction. Mais les dépenses administratives ne sont pas de ce genre ; c'est sur elles que le génie de l'ordre doit porter toute son attention et faire peser son économie.

Les rentes perpétuelles inscrites forment une charge annuelle de . . . . 62,300,000 fr.

Cette somme doit s'accroître par la vente des biens affermés des communes ; mais cet accroissement ne doit être que fictif, si l'opération est conduite avec sagesse ; et l'échange que le gouvernement fait d'inscriptions au grand-livre, contre les biens dont il s'agit, loin d'augmenter ses charges, doit diminuer ses paiemens annuels de rentes, quoiqu'il doive payer aux communes, en rentes, la même somme que les biens vendus ou à vendre leur rapportaient.

Les rentes viagères sont inscrites pour la somme de. . . . . 13,500,000 fr.

Les pensions ecclésiastiques, suivant le dernier compte du dernier ministre des finances, s'élevaient à 18,200,000 fr., à répartir sur 78,000 pensionnaires. Leur âge, déjà avancé, doit faire regarder cette charge comme instantanée; elle décroît chaque jour, et elle n'est pas aujourd'hui plus forte que . . . . 17,000,000 fr.

Suivant le même compte du ministre, les pensions militaires étaient, au 1er janvier 1812, portées à 3,700,000 fr. Les circonstances dans lesquelles a été le gouvernement ont pû contribuer à les accroître, et j'estime qu'au moment du rétablissement de l'ordre elles s'élevaient à 7,100,000 fr.

Les pensions civiles, dont le payement, en janvier 1812, allait à 5,753,000 fr. environ, ont éprouvé, par les décès, un décroissement d'un 11e, et n'excèdent pas. . . . . . . 5,150,000 fr.

Comme l'esprit d'ordre qui anime le gouvernement est l'allié fidèle de la vraie grandeur, il doit être dans le cœur de sa majesté de donner une existence heureuse à ceux de ses sujets militaires, ou autres, qui, dans les derniers évènemens, lui ont donné des marques d'un vrai dévouement. Ces récompenses nationales, conférées par le Roi, honoreront les libérateurs de la France; elles doivent être dignes du donateur, et il me semble juste de faire entrer ici en compte à cet effet, comme augmentation sur les pensions militaires, une somme de. . . . . . 5,000,000 ; en sorte que les pensions civiles et militaires qui, au 1er janvier 1812, s'élevaient à. . . 9,453,000 et qui ont dû éprouver des décroissemens naturels, pourront s'élever à 15,250,000 f.

Différence en plus, en faveur des militaires et autres ayant droit. . . . 5,807,000 f.

Si les dépenses dont je viens de parler sont sacrées, il en est une qui intéresse également le souverain et le peuple auquel il commande ; c'est la liste civile. Elle doit être formée comme il convient à un peuple généreux, confiant dans son Roi, dont il attend sa prospérité. Elle doit être telle que la maison du Roi respire la grandeur et provoque le respect. Il faut que le Roi puisse, sans donner au peuple une charge de plus, reconnaître un service personnel ou public, récompenser un citoyen qui honore son pays par une belle action, ou une découverte importante ; qu'il puisse enfin satisfaire son cœur, en se conciliant, par des bienfaits, l'amour de ses sujets. Ces considérations me portent à désirer que les chambres du corps législatif qui doivent, suivant la charte constitutionnelle, fixer la liste civile pour toute la durée du règne, en déterminent le revenu à 30,000,000.

Dépenses des divers ministères.

Le ministère de la guerre réunit aujourd'hui les attributions qui formaient précédemment celles des deux ministères de la guerre et de l'administration. Cette réunion, en diminuant les rouages, doit faire que l'administration marche avec plus de facilité vers le bien, et procurer un décroissement considérable dans les dépenses. Le premier, le plus essentiel des bienfaits de la paix, est de rendre à l'agriculture et aux arts une foule de citoyens dont les devoirs militaires deviennent inutiles. Aimée et respectée de ses voisins, la France n'a plus besoin d'armée de 5 à 600,000 hommes, dont la gloire ruinait la mère patrie; elle n'a besoin de troupes que pour le maintien de l'ordre, et être en état de repousser une injuste agression.

Sa Majesté a, dans sa sagesse, fixé l'état militaire, en temps de paix, à 230,000 hommes.

Les deux ministères de la guerre ont dépensé, année moyenne, depuis 1802 jusqu'en 1813, une somme de . . . . 466,083,333.

Le budjet de 1813 a porté leur dépense pour cette année, à	585,000,000.
Aujourd'hui, on peut assurer que toutes les dépenses du ministère actuel de la guerre n'excéderont pas.	220,000,000.
D'où il suit une différence en moins sur la dépense, de . .	365,000,000.

Elle deviendra encore plus forte quand le temps aura permis de réformer les abus dans la confection des habillemens et équipemens militaires, et dans les fournitures des vivres et fourrages.

Ministère de la marine.

La marine française était, on peut le dire, anéantie, et cependant elle coûtait à la France des sommes énormes. Ses dépenses sont portées au budjet de 1813, à . . . . 167,000,000.

Sous le ministère de M. de Sartines, où elle a acquis un honneur impérissable, où les flottes de la France ont été sans cesse assez fortes pour rivaliser avec celles de l'Angleterre, la marine française n'a jamais dépensé plus de 40,000,000.

L'on peut conclure de la comparaison du prix des bois en 1780, de celui des autres matériaux nécessaires à la construction, et de celui des vivres à la même époque, avec la valeur des mêmes objets à présent, que les dépenses de la marine, combinées avec ordre et économie, ne doivent pas monter à 80,000,000. Mais vu les divers travaux commencés dans les ports, et qu'il serait impolitique de suspendre, je supposerai que les sommes nécessaires au ministère de la marine doivent être de. . . 90,000,000.

Ministère des relations extérieures.

Le budjet de 1813 porte ses dépenses à	17,500,000.
Les relations extérieures de la France ne sont pas autres que celles qu'elle avait en 1789 ; alors elles ne coûtaient que 7 millions : l'augmentation du prix des denrées paraît devoir exiger que l'on porte cet article à	10,000,000
Modération sur la dépense. . . .	7,000,000

Ministère de l'intérieur.

Cette branche de l'administration réunit à présent les attributions des ministres de l'intérieur, du commerce et des cultes. Il convient donc d'établir d'abord quelles étaient les sommes affectées pour les dépenses de chacun, d'apprécier ensuite les réductions dont elles sont susceptibles, et enfin de fixer à quelle somme doivent se régler les dépenses du ministère dans son organisation nouvelle.

Fixation au budjet de 1813.

Ministère de l'intérieur	59,000,000
du commerce. . . .	8,000,000
des cultes.	17,000,000
TOTAL . . .	84,000,000

Le ministère de l'intérieur était chargé d'acquitter les dépenses relatives aux routes, travaux publics, aux haras, à l'université, et d'autres objets administratifs. Les attributions du ministre du commerce, qui lui sont réunies, doivent peu augmenter ses dépenses. Ces deux ministères étaient portés au budjet pour. . . 67,000,000.

Au premier aperçu, en ne calculant les dépenses présumées que d'après l'étendue actuelle du territoire; on juge qu'elles devraient être restreintes à une somme au plus de . 44,000,000.

Mais cette base ne serait pas exacte, car il y a des dépenses, celles administratives, par exemple, qui, dans les départemens cédés par la France, étaient plus fortes que dans tous les autres départemens.

On doit croire aussi que le gouvernement, dont la sagesse est connue, sentira la nécessité de ne faire que graduellement les constructions immenses que la vanité a commencées, et dont le ciment a, pour ainsi dire, été humecté des larmes que l'énormité des contributions a fait couler aux Français. Le Roi ne consacrera qu'une faible partie des revenus de l'Etat à des édifices de pur agrément. Il sait que la véritable gloire, celle qui ne craint pas l'injure des siècles, ne s'acquiert pas par les inscriptions gravées sur les monumens publics; qu'elle n'est jamais que la récompense des princes qui, en s'oubliant eux-mêmes pour leurs sujets, ont fait le bonheur des peuples. Sa prudence élaguera donc tout ce qui n'est que luxe dans les dépenses du ministère de l'intérieur, et alors elles subiront une réduction bien considérable.

Elle le deviendrait davantage, si Sa Majesté croyait devoir rétablir les provinces, et que chacune fût administrée par un préfet, ou intendant. Cette seule opération diminuerait la dépense administrative de plus de moitié, même en augmentant le traitement des préfets. On pourrait aussi ne laisser subsister de sous-préfets que dans la proportion où étaient les subdélégués autrefois. On pourrait ne donner à ceux-ci que des traitemens calculés sur ceux des magistrats dont ils remplissent les fonctions. Quelle nécessité y a-t-il de consentir à un sous-préfet des frais de bureau, outre son traitement? Un subdélégué recevait 6 à 8000 fr. par an, et remplissait les fonctions d'un sous-préfet. Le peuple n'avait pas besoin d'essuyer les duretés d'un commis; le magistrat était abordable à toute heure, et la marche du gouvernement n'était pas entravée par cette filière inutile de bureaux dispendieux, égaux par leur nombre aux sous-préfectures.

Je crois qu'il est, d'après ces données, et en les admettant, possible de réduire toutes les dépenses dont étaient chargés les ministères de l'intérieur et du commerce à 32,000,000.

Voyons maintenant de combien cette somme doit s'accroître, pour les dépenses dont le ministère des cultes était chargé. Elles sont portées, en 1813, à 17,000,000.

42 départemens, dans lesquels il fallait subvenir aux frais du culte et au traitement de ses ministres, ne sont plus à la France. Le gouvernement ne doit payer que les ministres de la religion chrétienne, en tolérant toutes les autres. Il suit de cette position une réduction naturelle sur la dépense, qui ne devrait pas se monter à plus de 11,500,000, dans la supposition que les 17,000,000 fussent réellement employés aux dépenses du culte : mais cela n'est nullement probable ; car, en 1810, avant la réunion de la Hollande et des départemens anséatiques, ces dépenses n'étaient calculées que sur 11 millions. Assurément, la réunion de ces pays n'a pu exiger 50 % d'augmentation. Quoi qu'il en soit, comme il est juste que le clergé puisse remplir le but de son institution, qu'il puisse porter des consolations au malheur et à l'infortune, ce sera, de la part du gouvernement, un acte d'équité rigoureuse, d'élever les traitemens des curés de la campagne, au moins de moitié en sus du taux où ils sont fixés actuellement. Cette augmentation est, à mes yeux, une dette sacrée, et un bienfait pour le peuple des campagnes. Elle éle-

verait, malgré la réduction du territoire, la dépense du culte à la somme de . . 16,000,000
Le ministère recevrait, pour ses autres dépenses 32,000,000

TOTAL. 48,000,000

Ministère des Finances.

Il réunit l'ancien ministère de ce nom, celui du trésor public, et quelques attributions de celui du commerce.

Le budjet de 1813 assignait
aux finances 21,000,000
au trésor public 8,700,000

ENSEMBLE. . . . 29,700,000

Le nombre de délégués du ministère, en qualité de receveurs-généraux, inspecteurs, contrôleurs, payeurs, etc., doit diminuer par la circonscription de la France. Il faut observer que tous ses préposés employés dans les provinces réunies nouvellement, étaient payés à un taux supérieur au traitement de l'employé du même grade dans l'intérieur; ce qui paraît devoir rendre la réduction des dépenses plus ſorte que celle provenant de l'étendue actuelle du territoire. Mais, indépendamment de ces premières causes de diminution, l'attention du ministre s'est déjà portée sur les abus dévorateurs qui s'étaient introduits dans les nombreuses administrations dépendantes de son ministère : son zèle lui donnera le courage de les abattre ; il ne souffrira pas que tel individu reçoive plusieurs traitemens pour des places qu'il ne remplit pas ; que tel autre soit payé avec ordre de ne rien faire ; il proscrira les travaux inutiles, tels que ceux du cadastre, qui dépense, chaque année, le 30e des contributions directes, sans pouvoir jamais apporter aux contribuables un soulagement réel.

Ces améliorations, cet anéantissement des abus, me semblent devoir diminuer de plus de moitié les dépenses du ministère des finances, et les réduire à environ 14,000,000.

Mais cette réduction ne peut se faire à l'instant parmi les employés dans les départemens non français ; il y en a un grand nombre qui ont rempli leurs places avec zèle et probité ; ils méritent la protection du gouvernement, et il est juste de leur conserver un traitement, en attendant qu'ils puissent être replacés. Il me paraîtrait sage d'assigner un fonds de 4,000,000 pour ces traitemens, et ceux des employés qui pourront être réformés pour la seule cause que la France n'a plus le même territoire.

Ce fonds serait applicable à tous les employés des administrations dépendantes du ministère des finances.

L'ensemble des dépenses serait 18,000,000.

Chancellerie de France.

Le premier des ministères par l'importance et la sainteté de ses relations, il ne figurait que bien faiblement dans les comptes de finances antérieurement à l'époque du bouleversement des idées. Alors, aucune vue d'intérêt ne faisait désirer l'honneur de siéger dans une cour de justice; aucun traitement pécuniaire n'y était attaché; le désir seul d'être utile, en remplissant des fonctions honorables, formait des magistrats instruits, intègres, irréprochables dans leurs mœurs, et dignes de l'estime publique.

Je n'attaque pas la composition actuelle des cours et des tribunaux; je crois qu'elles sont composées d'hommes instruits et qui méritent aussi l'estime; mais le public, le peuple, dont ils sont appelés à juger les différens, peut-il, quand il paye des augmentations d'impôts pour établir leurs traitemens, croire à leur parfait désintéressement, et se persuader que l'honneur seul leur a fait choisir les fonctions qu'ils remplissent.

Quoi qu'il en soit, les dépenses du ministère de la justice étaient estimées, en 1813, 29,000,000.

Dans cette somme étaient compris
les frais judiciaires des provinces Illi-

riennes 410,000

En les déduisant, il restera pour la France, telle qu'elle était en 1813. . 28,590,000

Cette somme se compose,

1°. Des dépenses judiciaires fixes, c'est-à-dire, traitement des juges. . . 16,234,772

Traitement des officiers du parquet. 4,277,483

2°. Dépenses variables, judiciaires, administratives et autres. 8,077,745

Somme pareille . . 28,590,000

En considérant le capital de 20,512,255 francs employé pour payer les juges, et réfléchissant qu'antérieurement à la révolution, l'Etat ne connaissait pas cette charge pesante; je ne puis m'empêcher de me demander à quoi ce surcroît de dépense a été utile, quel bien il a procuré? La justice en est-elle mieux administrée? Les juges actuels sont-ils plus instruits, plus éclairés, plus intègres que leurs prédécesseurs? Les affaires sont-elles jugées avec plus de célérité? Les décisions des juges actuels sont-elles plus solides, plus fondées en principes? Il me semble qu'à chacune de ces questions on peut répondre, sans craindre de choquer personne : L'état actuel des cours de justice n'est pas meilleur que l'ancien. Mais s'il est démontré que le changement n'a amené aucune amélioration, et que de plus il cause à l'Etat une dépense excessive en surcharge pour le peuple, pourquoi ne pas convenir que l'on a eu tort de changer, et ne pas remettre les choses dans l'état où elles étaient avant qu'un esprit de nouveauté nous eût séduits ?

Je regarderais comme un bien réel la suppression des honoraires des juges, dont les fonctions sont trop utiles pour n'être pas distinguées de toute autre. L'honneur seul, l'estime générale et la considération publique doivent être la seule récompense d'un magistrat ! C'est au gouvernement à les en investir : il devrait, à cet effet, leur rendre l'hérédité de leurs charges, et la faculté d'en disposer en présentant eux-mêmes leurs successeurs.

Cette concession, qui dans ce moment pourrait devenir avantageuse au gouvernement, serait également favorable aux administrés ; elle allégegerait les contributions, et assurerait à jamais la composition des cours et tribunaux. Ce n'est pas l'instant d'appuyer de preuves cette assertion, et de prévoir les objections que l'on fera contre ma proposition. On ne manquera pas de répéter tous les sophismes que l'on a débités depuis vingt-cinq ans contre la vénalité des offices : j'y réponds en deux mots. *La vénalité des charges est préférable à la vénalité des juges.*

Quoi qu'il en soit, au reste, de cette proposition, comme le projet de changement qu'elle contient ne peut se réaliser promptement, que même en l'adoptant le gouvernement doit mettre une sage lenteur dans le choix des magistrats, il en résulte la nécessité de pourvoir encore au traitement des juges et officiers du parquet.

Le nombre des cours établies aujourd'hui en France, réduit la somme des dépenses nécessaires à 13,900,000

en y ajoutant pour les frais d'administration et autres 4,100,000

Le budjet ne devrait porter les dépenses de la chancellerie qu'à la somme de 18,000,000

Ministère de la Police.

Il ne lui est alloué, au budjet de 1813, qu'une somme de 2 millions ; elle me paraît insuffisante pour pourvoir aux dépenses importantes que nécessite l'étendue de ses fonctions. Je sais qu'elles se couvraient en partie par les contributions exigées des hommes à qui on permettait de tenir publiquement des maisons de jeu ; on faisait ainsi servir au bien public une passion funeste. Il serait possible de fermer ces maisons, qui ont déjà causé la ruine de tant de familles, et amené le déshonneur de tant de gens que la curiosité y avait entraînés, et que l'esprit du gain a séduits.

La fermeture de ces maisons faisant cesser le versement du prix de leur tolérance, nécessiterait une augmentation de fonds pour les dépenses de la police. Je crois que l'on peut les évaluer à la somme de. . . . . . . 6,000,000.

Frais de négociations du Trésor.

Ces frais sont plus ou moins élevés en raison directe de l'ordre qui règne dans les dépenses; ils sont en général nécessités par les anticipations. Dans un régime de finances sagement organisé, ce mot ne devrait jamais être connu. Il faut espérer que le gouvernement sentira la nécessité de ne jamais consommer un exercice à l'avance. L'ordre et la sagesse qui président aux finances, le plan d'économie dans les dépenses administratives, dont l'exécution se poursuit avec fermeté, tout fait présager que l'on n'aura plus besoin que de faibles négociations, dont les frais seront très-modiques.

En 1813, ils étaient estimés 8,000,000. Je crois que cette dépense doit disparaître presque entièrement; mais vu la pénurie extrême dans laquelle le précédent gouvernement a laissé les caisses publiques, et les besoins urgens auxquels il est nécessaire de faire face, je propose de fixer les frais de négociations du trésor, seulement pour l'année courante 1814 et 1815, à . . . . 5,000,000.

Il me reste à faire les fonds pour les dépenses variables, administratives et judiciaires, qui ne sont pas comprises dans les sommes attribuées aux divers ministères. Elles sont payées dans les départemens par les receveurs généraux et payeurs généraux. Ces dépenses peuvent s'élever, savoir :

Celles administratives 18,000,000 }
Celles judiciaires . . . 1,550,000 } 19,550,000.

La somme ici fixée pour les dépenses administratives, serait susceptible d'une très-grande modération, si le nombre des préfets était réduit à celui des anciennes provinces.

RÉSUMÉ.

J'ai exposé avec fidélité, et d'après des bases que je crois sûres, quels peuvent être les revenus de l'Etat, d'après son territoire, sa population, son commerce et son industrie ; j'ai discuté les dépenses de toute espèce qu'il y a à payer annuellement.

Les revenus sont-ils en état de faire face aux dépenses? C'est ce que j'ai toujours pensé. Un tableau comparatif des revenus et des charges, placé à la fin de cet ouvrage, mettra à même de juger si j'ai erré dans mes opinions.

On peut y remarquer que les revenus présentent sur les dépenses un excédent de . . 44,400,000

Pour les années ordinaires, je crois nécessaire de porter le droit sur le sel à 40 cent. par kilog., pour les six derniers mois de 1814, et les années 1815, 1816, 1817 et 1818, ce qui procurera par an une augmentation de	32,500,000
et portera l'excédent, pendant ces quatre années, à.	76,900,000

Il servirait, en 1814 et 1815, à donner des secours aux habitans des pays qui ont le plus souffert de la guerre; à payer les bons des réquisitions faites pendant le séjour des alliés, et procurer aux provinces ravagées un soulagement sur les impositions; enfin à assurer aux employés supprimés ou réformés dans les administrations, un traitement qui les fasse subsister, en attendant qu'ils puissent être replacés. Mais au commencement de 1819, les sources de la prospérité étant établies par le commerce et la sagesse de l'administration, le droit sur le sel serait remis à 20 cent. par kilog., à moins que l'on ne préférât le laisser subsister en diminuant la contribution foncière de 32,500,000 fr., que les sels remplaceraient à cette époque. La somme annuelle de 44,400,000 fr. d'excédent, dans les années ordinaires, serait employée, savoir : en fonds de réserve pour subvenir aux dépenses imprévues, le tiers, à peu près 14,400,000f.; et les 30 autres millions pourraient être utilisés à éteindre successivement la dette constituée de l'Etat. Cet amortissement devrait se faire, non en achetant, sur la place de la Bourse, des rentes au-dessous de leur valeur, mais en remboursant chaque année, à bureau ouvert, et au pair, un certain nombre d'inscriptions. Pour que chaque rentier ait l'espoir d'être remboursé, je crois que le sort seul devrait décider les numéros des rentes appelées à recevoir les capitaux. Je suis persuadé que ce mode simple coopérerait efficacement à établir le crédit, à maintenir les effets à un taux élevé, et que la France n'aurait plus à rougir de voir son papier négocié à un tiers de perte. Et en effet, de quel crédit ne doit pas jouir un Etat qui, chaque année, peut amortir une aussi forte partie de sa dette, et atteindre ainsi, en peu d'années, et par ses économies, à sa libération entière ?

Outre les charges annuelles dont j'ai parlé, le gouvernement a pris l'engagement de payer les dettes contractées antérieurement au 30 mars, et non liquidées.

L'on dit que le ministère de la guerre, malgré les sommes excessives mises directement à sa disposition, et celles qui lui étaient déléguées sur les fonds des autres ministères, est débiteur d'un capital que quelques personnes font monter au-delà de six cents millions. Je suis porté à penser que cette évaluation est exagérée. Il faudrait, pour la croire juste, être fondé à supposer que le ministre de la guerre a dépensé en 1813, plus de 1200 millions, supposition gigantesque et inadmissible.

Les renseignemens que je me suis procurés et que je crois positifs, m'ont convaincu que cette dette ne doit pas excéder 300 millions; et la France a encore de grandes ressources pour y faire face, sans augmenter sa dette inscrite et constituée. Le gouvernement n'a besoin que de prendre le temps nécessaire pour fixer les rentrées de fonds, et dans sa position, les créanciers, avec lesquels il n'a pas contracté directement, qui n'ont sur lui d'autre droit que celui que sa loyauté leur donne, en se chargeant d'une dette qui ne lui était pas personnelle, n'auront pas à se plaindre d'un délai qui leur assurera le remboursement entier de créances qu'ils ont dû regarder comme perdues, jusqu'au moment où le Roi les leur a garanties.

Le délai peut être porté à quatre ans pour que le paiement soit entièrement parfait.

Les moyens d'exécution me paraissent simples et certains.

Je propose de déclarer toutes les charges de la magistrature héréditaires, en exigeant des titulaires actuels, ou de ceux qui seront nommés, une finance qui serait payable au trésor royal, par tiers, en décembre 1814, juillet 1815, et décembre de la même année; de fixer, par un arrêt du conseil, le nombre des avoués près les cours et tribunaux, ainsi que celui des huissiers, et de les assujétir aussi à faire aux mêmes époques le paiement de la somme à laquelle aura été déterminée la finance attachée à leurs charges. La fixation de ces finances serait faite sur une échelle proportionnelle à la population des villes où siégeront les cours et tribunaux.

Je proposerais d'étendre cette mesure, pour la ville de Paris seulement, aux commissaires (actuellement de police), en leur rendant les attributions dont jouissaient les commissaires au Châtelet.

On pourrait également mettre en charge les commissions des membres de la compagnie des agens de change de Paris, qui, depuis long-temps, désirent de jouir de la disponibilité et de l'hérédité de leurs places. Il conviendrait de les porter au complet, c'est-à-dire à 100 : la multiplicité toujours croissante, et l'importance des opérations dont ils sont chargés, permettent d'en exiger, pour prix de finance, le double du cautionnement qu'ils ont fourni.

Ces finances étant le prix de l'hérédité, ne rapporteraient pas d'intérêt.

Les sommes versées au trésor dans ces premiers dix-huit mois pour les finances créées, serviraient à donner un à-compte sur les créances reconnues certaines et liquidées : il serait à peu près du quart, en calculant à un taux infiniment modéré la finance à fournir par chaque titulaire de charges.

Les trois autres quarts représentant 225, millions, se paieraient dans les années 1816, 1817 et 1818 sur l'excédant des dépenses, lequel, comme nous l'avons observé, doit être, pendant ces exercices, de près de 77,000,000, à cause du doublement du droit perçu sur le sel à l'extraction.

Mon but, en entreprenant cet ouvrage, a été de prouver que la France n'était pas tellement épuisée qu'elle ne fût encore en état de faire face à toutes ses dépenses, à tous ses engagemens, et et surtout qu'elle le pouvait sans employer aucun moyen violent, aucune ressource indigne ou de la loyauté de son souverain, ou incompatible avec son amour pour son peuple. Je suis arrivé à ce but désiré, et une simple observation prouve cette assertion.

Le revenu porté au budjet de 1813, ainsi qu'il est établi (tableau, nº. 1), était calculé pour la somme de 1,110,495,000 fr.

Le calcul strictement proportionnel d'après la réduction du territoire (les dépenses restant les mêmes dans les départemens formant la France actuelle), porterait les impositions à établir à. 751,711,246

Cependant, les revenus de l'Etat que je présente au tableau nº. 3, ne s'élèvent qu'à 616,000,000

Il en résulte donc, sur le total des impositions établies pour 1813 et 1814 sur les départemens actuellement français, une diminution réelle de. 135,711,246

Et malgré cette réduction importante, le gouvernement a la certitude de faire face, non-seulement à ses dépenses annuelles, mais même de combler le goufre des dépenses arriérées, et de rembourser tous les ans, avec un fonds de réserve, une partie de sa dette constituée.

Je n'ai rendu mes idées publiques que parce que j'ai pensé qu'elles pouvaient être utiles; peut-être me suis-je aveuglé sur les moyens que je propose : cependant ils me paraissent admissibles par leur simplicité. Si on consent à les employer, je me regarderai comme bien récompensé de mon travail ; car alors j'aurai acquis la conviction d'avoir coopéré au bien général.

Si au contraire un autre plan est préféré au mien, je reconnaîtrai avec franchise sa supériorité, et me consolerai dans ma disgrâce par la certitude qui me restera que je n'ai été entraîné dans mes recherches que par le seul désir de prouver mon attachement au gouvernement, et mon respectueux dévouement à mon Roi.

De l'Imprimerie de POULET, quai des Augustins, N°. 9.

ÉTAT COMPARATIF des Revenus présumés du Royaume et de ses Dépenses.

REVENUS.		SOMMES.
Contribution foncière	160,000,000	187,200,000
17 centimes additionnels	27,200,000	
Contribution personnelle	30,000,000	38,400,000
28 centimes additionnels	8,400,000	
Taxe sur l'industrie		8,000,000
Administration des timbre, enregistrement, domaines, droits de greffe, amende, (frais de perception et de régie déduits)	127,500,000	140,000,000
Enregistrement sur mutation de rentes	12,500,000	
Administration forestière		14,700,000
Douanes		30,000,000
Loteries		12,000,000
Administration des postes		10,000,000
Salines de l'Est, affermées		3,000,000
Poudres et salpêtres		200,000
Impositions indirectes, non compris les sels et les tabacs (frais de perception et régie déduits)		90,000,000
20 c. perçus à l'extraction des sels		32,500,000
Vente des tabacs		50,000,000
TOTAL des revenus		616,000,000

DÉPENSES.		SOMMES.
Liste civile du Roi et des Princes		30,000,000
Rentes perpétuelles		62,300,000
Rentes viagères		13,500,000
Pensions ecclésiastiques		17,000,000
— militaires		7,100,000
— militaires (nouvelles)		3,000,000
— civiles		5,150,000
Ministère de la guerre		220,000,000
— de la marine		90,000,000
— des relations extérieures		10,000,000
— de l'intérieur, des cultes et commerce		48,000,000
— des finances et trésor royal		18,000,000
— de la justice (chancellerie), non compris les dépenses variables		18,000,000
— de la police		6,000,000
Frais de négociation du trésor		4,000,000
Dépenses variables — Administratives	18,000,000	19,550,000
Dépenses variables — Judiciaires	1,550,000	
TOTAL des dépenses		571,600,000
Excédent des revenus sur les recettes		44,400,000
Somme égale aux revenus		616,000,000

www.ingramcontent.com/pod-product-compliance
Lightning Source LLC
LaVergne TN
LVHW020353230826
846091LV00003B/1093

* 9 7 8 2 0 1 2 9 8 9 1 8 4 *